国家自然科学基金项目
"我国信息资源产业发展政策及管理研究（71133006）"资助

STM 信息资源
行业解析与政策解读

张秀梅　程煜华　杨公亮　等◎著

·北京·

图书在版编目(CIP)数据

STM信息资源行业解析与政策解读/张秀梅等著.—北京:科学技术文献出版社,2016.5(2017.8重印)

ISBN 978-7-5189-1291-9

Ⅰ.①S… Ⅱ.①张… Ⅲ.①信息资源—资源产业—产业政策—研究—中国 Ⅳ.①G203

中国版本图书馆CIP数据核字(2016)第097007号

STM信息资源行业解析与政策解读

策划编辑:崔灵菲 责任编辑:文 正 责任校对:张吲哚 责任出版:张志平

出 版 者	科学技术文献出版社
地 址	北京市复兴路15号 邮编 100038
编 务 部	(010)58882938,58882087(传真)
发 行 部	(010)58882868,58882874(传真)
邮 购 部	(010)58882873
官方网址	www.stdp.com.cn
发 行 者	科学技术文献出版社发行 全国各地新华书店经销
印 刷 者	虎彩印艺股份有限公司
版 次	2016年5月第1版 2017年8月第3次印刷
开 本	850×1168 1/32
字 数	163千
印 张	7.375
书 号	ISBN 978-7-5189-1291-9
定 价	32.00元

版权所有 违法必究

购买本社图书,凡字迹不清、缺页、倒页、脱页者,本社发行部负责调换

序

　　STM信息资源，即科学（Scientific）、技术（Technical）、医学（Medical）信息资源的总称。多年来，科学技术信息一直是信息领域的重点，医学信息常常作为科学技术信息的一个种类，并不十分地突出。然而，近年来这种状况有些许改变，医学信息开始受到公众的广泛关注，有些情况下医学信息已经与科学信息、技术信息并列，特别是在出版发行领域。例如，拥有来自21个国家的超过120个出版商会员的国际科学技术和医学出版商协会（International Association of Scientific, Technical & Medical Publishers），每年出版近66%的全球期刊文献，还有成千上万的专著和工具书，是近几年在国际上活跃度较高的出版商协会，在科技和医药出版界有着很大的影响力。再如，2013年在英国曼彻斯特大学举行的国际科学技术史大会，应组织者的要求，理事会将大会原有的科学和技术的名称中加冠Medicine一词，举办了第24届国际科学技术与医学史大会（The 24th International Congress of History of Science, Technology and Medicine, 2013 iCHSTM）。该大会有来自世界各地的1700多名学者参加，有137个专题、举办247个分组会议，产出学术报告1400余篇，是一次举办成功的影响力较大的国际盛会。从上述实例中，我们可以瞥见医学信息分支有很强的发展势头。

　　与国外相比，我国对医学信息的研究尚处于相对落后状态，突出展现科技信息中的医学信息这一种类，似乎有一定的必要性。目前在我国，以科学、技术、医学三大信息资源为对象，从统一的角度进行分析和研究的相关著作并不多见。《STM信息资源行业解析与政策解读》一书从产业和行业的角度，围绕市场、用户、政策等多个层面剖析了STM信息资源产业的现状，某种程度上弥补了我国在该领域研究的不足。因此，本书具有很大的科学探索意义。

对于STM信息资源行业的定义，我国学术界尚未给出明确概念。本书从科研活动的角度给出了STM信息资源行业的定义，分析了行业所包括的范围，力图根据STM信息资源行业的构成，对STM信息资源的价值流动轨迹进行分析，总结行业内涵所包括的3个方面：①STM信息资源行业的源头是待开发利用或已得到开发利用的STM领域内的信息资源；②STM信息资源行业以STM信息资源衍生的产品或服务为利润来源；③STM信息资源行业是STM信息资源开发利用的商业化模式，通过信息资源的收集、加工、整理等增值环节产生经济价值，增加社会财富和就业机会。本书以此定义和内涵出发，运用了大量的可靠数据及企业的实践案例，分析了国内外STM行业发展概况、市场竞争态势、行业价值链构成；通过分析问卷调查数据，剖析了STM行业的消费结构；从STM行业结构、用户特征、行业环境、相关政策等方面开展了中外STM行业现状的对比分析。

本书第一作者张秀梅作为多年从事STM信息服务业的从业人员，对STM信息资源行业有着丰富的实践经验；她曾担任《数字图书馆论坛》创刊人及副编审，任职期间常常撰写刊物的主编寄语，熟悉学术文献的撰写模式；又由于她兼任中国科学技术信息研究所情报学专业硕士研究生导师、同时作为我名下在读的情报学博士生，她对信息资源管理理论也有着系统性学习和认识；上述产业从业人员、学术文献的作者和学科研究者多种身份的集合，使得张秀梅可以秉承实践上面向问题的考察态度，以及理论上规律发现的研究态度，来开展本书的内容研究。上述经历也足以使她对 STM 信息资源行业有着独到的见解，这种见解也充分体现在本书的研究框架和研究内容之中，使本书对于从业人员、研究者、学习者均具参考价值，有助于读者全面了解 STM 信息资源产业的整体状况，不仅能从中探索理论规律，更能从中捕捉市场现状和发现新的商机。

  本书作为国家自然科学基金项目"我国信息资源产业发展政策及管理研究"的部分成果，从实证的角度阐述了我国 STM 信息资源产业的基本状况，是对重大课题研究的实证补充，同时也是 STM 信息资源研究采用产学研结合方式研究的一个很好典范。作为张秀梅的博士生导师，我对她能在繁忙的工作和学习间隙中完成这部理论与实践相结合的著作表示欣慰，也由衷地表示祝贺！作为探索性的学术著作，本书一定还存在纰漏，也希望广大读者和有识之士提出宝贵意见和建议，从而进一步丰富作者的见识，并提升整个 STM 信息资源行业的发展水平。

周晓英

2016 年 5 月 9 日

前　言

STM是科学（Scientific）、技术（Technical）、医学（Medical）的缩写，在国际行业实践中，STM信息服务通常与财税金融、法律法规、教育等并称，是现阶段信息资源产业中商业模式最清晰、发展最稳健的行业领域之一，在我国科技管理和信息资源管理研究领域通常被称为科技信息资源。

我国历来非常重视STM信息资源的开发利用，但是在实践中，行政管理和公益性服务的思路强于市场化发展思路，因此我国STM信息资源行业的政策管理、公益服务和市场化经营之间一直存在着复杂的交互关系。我国STM信息资源行业规模较小，缺乏市场化运作和国际竞争力，公益性服务的水平有待大幅提升，距我国建设科技强国的发展目标尚有差距。为此，作为STM信息资源行业的从业者和学术研究人员，编者对我国STM信息资源行业的发展现状、存在的主要问题、发展影响因素等进行了分析，立足于市场发展与政策现状，进一步提出了我国STM信息资源行业管理与发展的政策建议。

本书分为6章，第1章主要对相关概念进行梳理，重点对STM信息资源行业的价值增值过程进行分析与阐述；第2章基于量化数据和具体案例，对国外行业发展现状进行概括分析，通过对行业的总体市场规模、竞争态势及典型企业的产品线案例分析，揭示国际STM行业的发展特征；第3章通过对国内用户的问卷调研，研究STM信息资源产品和服务的消费特征，重点关注消费者的消费意识、行为偏好、消费结构及对其消费行为的影响因素，试图发现行业用户的共性需求；第4章则对中美STM信息资源行业进行对比，分析整体行业结构与影响行业发展的科技及信息资源发展环境，从而发现差距和问题；第5章针对国内外STM信息资源服务涉及的相关政策进行对比研究，从STM信息资源服务的宏观定位、科技中介机构的管理、科研管理与STM信息资源服务、科技信息交流、STM信息资源产品与服务等多个维度对具体环节的政策进行逐一对比分析；第6章在全面的阐述分析之后进行总结，提出在STM信息资源行业发展和科技政策方面的建议。

综观本书的全部内容，得出以下几点结论。

（1）当前，我国政府、行业和用户等不同层面都普遍认识到了STM信息资源及其共享服务的重要性。

（2）与发达国家的STM行业发展现状相比，我国STM信息资源行业发展较为落后，行业支撑不足。但从国际实践经验来看，我国的STM信息资源行业具有良好的发展前景与增长势头。

（3）政府职能与行业发展定位不清晰。在发展改革的过程中，政府职能与行业市场化之间存在着错综复杂的关系，影响到了政府管理、市场发展，也影响到了相关事业单位的改革发展。

（4）政策制定滞后、政策体系不完善。在调研和对比的过程中清晰地发现，我国在STM信息资源相关的政策方面缺乏跨部门的有效协调和统筹，政策制定比较滞后，政策体系还不完善。

基于上述观点，编者提出以下几点建议。

（1）高度重视我国STM信息资源服务体系建设。

（2）充分实现政府STM信息资源的公开共享。

（3）大力推进STM信息资源行业市场化发展。

（4）持续完善相关领域政策法规，创造有利发展条件。

本书由张秀梅、程煜华、杨公亮负责整体框架的设计和各部分内容的把关；毛嫄、陈怡帆负责第1章与第4章的撰写，陈新负责第2章的撰写，李伟参与其数据整理；陈龙负责第3章问卷调研及调研结果的分析；刘俊丽、雷婷、汪颖共同负责第5章的撰写；程煜华负责统稿和第6章的撰写；张秀梅负责终审把关。感谢课题小组成员的积极参与及认真付出。

张秀梅作为国家自然科学基金重大课题"我国信息资源产业发展政策及管理研究"的子课题负责人，在组织课题组成员完成阶段性研究的同时，将研究成果编辑出版，不仅要感谢课题组成员的辛勤付出，更要感谢该重大课题课题组负责人冯惠玲教授给予的学习锻炼机会，以及其他子课题研究同仁的协助和支持。

编者在撰写过程中也发现，尽管我国STM信息资源行业规模还不大，但本书内容牵涉政府信息公开、科研管理政策、公益机构改革、出版体制改革、科技创新发展等多方面宏观问题，涉及面广、问题复杂，本书仅就相关现状进行了梳理、对相关问题的研究认识还很不深入，有待开展进一步的深入研究。书中疏漏与不妥之处，敬请读者批评指正。

目　录

第1章　我们所认识的 STM 信息资源行业 ……1
1.1　了解 STM 信息资源 ……1
1.1.1　STM 信息资源的概念 ……1
1.1.2　STM 信息资源的分类 ……3
1.1.3　STM 信息资源与科研活动 ……4
1.2　认识 STM 信息资源行业 ……7
1.2.1　概念与范围 ……7
1.2.2　STM 信息资源行业的价值链分析 ……9
1.3　小结 ……11

第2章　纵观国际 STM 行业发展 ……13
2.1　国际 STM 行业发展概况 ……13
2.1.1　研究方法与数据处理 ……14
2.1.2　结果分析 ……14
2.2　国际 STM 行业市场竞争分析 ……20
2.2.1　研究方法 ……20
2.2.2　数据来源 ……21
2.2.3　结果分析 ……22

2.3 STM 行业产品进入时间分析 ·· 23
   2.3.1 分析对象 ··· 23
   2.3.2 分析结果 ··· 26
2.4 STM 行业价值链分析——以企业为例 ···························· 31
   2.4.1 STM 行业主要企业及产品体系 ······························· 32
   2.4.2 STM 代表产品体系的价值链分析 ····························· 35
   2.4.3 结论 ·· 43
2.5 小结 ·· 45

第3章 透析 STM 信息资源行业消费行为 ································ 46
3.1 数据来源与研究方法 ··· 46
3.2 信息资源消费结构研究 ·· 47
   3.2.1 问卷回收情况与调查人群基本特征 ························· 47
   3.2.2 消费意识和动机分析 ·· 48
   3.2.3 消费行为分析 ··· 56
   3.2.4 消费结构分析 ··· 60
   3.2.5 消费影响因素分析 ·· 71
3.3 小结 ·· 73

第4章 对比中美 STM 信息资源行业发展状况 ···························· 75
4.1 美国 STM 信息资源行业现状分析 ··································· 76
   4.1.1 美国 STM 信息资源行业结构 ·································· 76
   4.1.2 美国科技发展环境 ·· 82
   4.1.3 美国 STM 信息资源发展环境 ·································· 90
4.2 我国 STM 信息资源行业现状分析 ··································· 96
   4.2.1 我国 STM 信息资源行业结构 ·································· 96

  4.2.2 我国科技发展环境 ································· 106
  4.2.3 我国 STM 信息资源发展环境 ················· 111
 4.3 小结 ··· 116

第 5 章 聚焦 STM 信息资源行业相关政策 ············ 118
 5.1 STM 信息资源服务的定位与基本纲领 ············ 119
 5.2 科技中介机构相关政策分析 ·························· 120
  5.2.1 国外相关政策分析 ································· 121
  5.2.2 我国相关政策分析 ································· 123
  5.2.3 国内外相关政策对比分析 ······················· 126
 5.3 科研项目申报、管理与 STM 信息资源服务 ······· 127
  5.3.1 科研项目管理中的决策支撑 ····················· 128
  5.3.2 科研项目成果信息的管理政策 ·················· 130
 5.4 科技交流中的信息资源服务 ·························· 135
  5.4.1 科学数据共享与服务政策 ······················· 135
  5.4.2 STM 出版政策 ····································· 146
  5.4.3 科技报告政策 ······································ 153
  5.4.4 其他科技成果交流政策 ·························· 158
 5.5 STM 信息资源产品与服务 ···························· 164
  5.5.1 STM 信息资源的开放获取 ······················ 164
  5.5.2 数据库相关政策分析 ····························· 172
  5.5.3 科技咨询服务 ······································ 180
 5.6 小结 ··· 184

第 6 章 研究结论与政策建议 ·················185
6.1 研究结论 ·················185
6.2 政策建议 ·················187

附录 1 科技信息资源消费调查 ·················189
附录 2 医学信息资源消费调查 ·················198
参考文献 ·················207

第1章
我们所认识的 STM 信息资源行业

1.1 了解 STM 信息资源

1.1.1 STM 信息资源的概念

信息技术的快速发展和普及使信息成为一种重要的社会资源，人们开始广泛关注信息资源，甚至将信息资源的开发利用提到了前所未有的高度。尽管人们对信息资源这一概念的认识仍然存在一定的差异，但马费成、赖茂生等对信息资源的定义反映了现阶段的基本共识：狭义的理解，信息资源是人类社会经济活动中经过加工处理并大量积累起来的、有用的、有序化的信息的集合；广义的理解，信息资源是指人类社会信息活动中积累起来的信息、信息生产者、信息技术等信息活动要素的集合[1]。从社会经济发展的现实需求出发，国内学者、管理机构将开发利用信息资源，提供相关产品或服务的产业称之为信息资源产业，开展了很多相关的研究，并为相关实践提供了有力的支撑与指导。

STM 是科学（Scientific）、技术（Technical）、医学（Medical）的缩写。在信息服务领域，国际上通常将科学、技术、医学与法律法规、财税金融、教育等并列，简称为"STM"。在我国学术界和人们的认识实践中，由于医学本身属于科学技术的一部分，更倾向使用"科技信息资源"这一概念，将其定义为，人类社会科技活动所产生的基本科学技术数据、资料,以及面向不同需求加工整理形成的各种科学数据产品和各种载体的科技图书、期刊、报告、论文、专利等科技文献[2]。

人们普遍认为 STM 信息资源是科技资源的重要组成部分,是一种战略资源[3-5]。因此各个国家和地区都非常重视 STM 信息资源的开发利用,例如,美国政府专门建设了科技门户网站,我国也设立了国家科技基础条件平台中心(http://www.nstic.gov.cn),对科学数据、科技文献等进行统一的组织与管理。

尽管如此,人们对科技信息资源仍存在着多种理解。

国内外学者一致认为科技信息资源是科技资源的重要组成部分。美国科学学研究者马尔赞同的"四元论"、法国经济学家施威的"五元论"[3]均提出科技信息资源是科技资源的组成部分。国内的学者对于科技资源的内涵分析中,也认为科技信息资源是科技资源的重要组成要素[4]。

我国国家科技发展的中长期规划中,将科技信息资源定义为,人类社会科技活动所产生的基本科学技术数据、资料,以及面向不同需求加工整理形成的各种科学数据产品和各种载体的科技图书、期刊、报告、论文、专利等科技文献[2]。也有专家认为,科技信息资源是人类从其活动中所获得的一切与科技有关的信息的总称[7]。

科技信息资源是指以知识信息形态表现的各种科学研究和科技创新的成果,它包括科技图书、期刊、文献、专利和其他为科学研究提供服务的科学数据库。科技信息是人类社会科技活动中所产生的基本科学数据库、资料及按照不同要求系统加工的数据产品和相关信息,是信息时代最基本、最活跃、时效性最强和影响面最广的科技资源[8]。

科技信息资源是一种战略资源,它包含在大量的科技文献资料、科技图书期刊、声像资料、科技统计资料、科技档案资料中,并通过科技情报活动、科技交流和科技信息市场等途径直接传播。其中科技文献资料、科技图书期刊是流通利用环境中最主要的科技信息资源。科技信息资源的开发以用户为价值尺度,包括对科技信息的收集、加工处理、流通利用、对外交流与合作等[5]。

我国国家科技基础条件平台中心建设形成的科技信息资源,主要是指科技专项支持平台(包括研究实验基地和大型科学仪器设备共享平台、自然科技资源共享平台、科学数据共享平台、科技文献共享平台和成果转化公共服务平台等)形成的科技资源,通过统一的标准,规范加工整理而形成的信息化资源[9]。

美国政府建设的科技信息基础设施,科技门户网站(www.science.gov)是目前世界上关于全球科学发现的最大的搜索引擎,其最主要的成效和作用是将美国联邦政府每年大约800亿美元研究开发经费的96%左右所产生的科技信息通过单一门户网站的形式加以整合[10]。这里的科技信息主要有期刊文章、包括科技报告在内的灰色文献、电子出版物(e-print)。

为了更好地界定本书的研究范围,笔者采用的定义是:科技信息资源通常是指在基础科学研究与技术开发、应用过程中产生的各种信息资源,以及科技活动过程中所需要的各种类型的信息资源,主要包括科技文献信息资源、数据库资源、网络资源等。

1.1.2 STM 信息资源的分类

STM 信息资源可按来源、记录形式、载体形态、运营机制、增值状况等多种不同角度进行分类。来源、记录形式、载体形态等维度的分类可以参考一般的信息分类，从行业发展及政策研究的需求出发，本书将试图从运营机制和信息增值状况对STM信息资源进行分类。

从目前国际、国内的运营机制看，科技信息资源大体可以划分为政府科技信息资源、商业性科技信息资源与公益性科技信息资源三类。政府科技信息资源包括由政府生产、收集、整理和掌握的科技信息资源；商业性科技信息资源是指由商业机构或其他机构以市场化方式收集和生产的，以营利为目的的科技信息资源，如科技出版企业、信息服务商、科技咨询业等；公益性科技信息资源是指进入公共流通领域的，由公益性机构管理并向公众开放的科技信息资源，如公共图书馆、科技情报机构等。

按信息增值状况，可将科技信息资源划分为基础数据信息和增值服务两类。基础数据信息类科技信息资源是指科技领域产生的，未经加工或加工程度较低的，保证科技活动正常进行所必不可少的科技信息资源，如科学数据信息资源；增值服务类科技信息资源是指在基础数据之上经过增值处理所提供的科技信息资源服务，如文献检索、全文获取传递等信息资源，此外还有研究能力评价、竞争力分析、竞争态势综述等高附加值服务。

1.1.3 STM信息资源与科研活动

STM信息资源贯穿了科研活动的全过程，从科研设想、科研实施、成果发布到成果转化利用的各个环节，STM信息资源都发挥了重要的价值，同时在科研活动的过程中，也不断有新的STM信息资源产生。科研活动的主要阶段与STM信息资源如图1.1所示。

第 1 章 我们所认识的 STM 信息资源行业

图 1.1 科研活动的主要阶段与 STM 信息资源

（1）科学研究设想阶段

了解趋势、产生思路阶段的关键因素是对科技信息的需求，此时需要针对某个题目大量的参考资料进行跟踪，了解研究进展，发现相关问题或学科领域的发展趋势，探察可能存在的各种关联与演变，发现重点、空白、异常与冲突。中科院文献情报系统进行的"科研人员信息需求调查"结果显示，无论是科研人员还是在读研究生，了解国内外相关科研动态的需求最强烈[11]。

（2）科学研究实施阶段

在立项阶段，科研人员的信息需求主要表现为对各级各类项目信息的发布渠道、项目内容、成功申报经验等信息的需求[12]。在申报书的编写时，还需要更多的数据和材料，为该项目的新方法、新技术、新理论、新手段、新角度、新价值等提供数据

-5-

支撑，提高项目获准立项的成功率。

项目实施阶段是科研过程中的核心阶段，事关整个项目完成质量的高低。现代科学研究逐步进入了数据密集型的时代，所有科技对象都被信息化数字化表征，海量科学数据（各种形态的数字化科技内容）被迅速和大量创造，依托大量的科学数据开展观察、分析、实验已经成为主流的工作方式。

（3）科学研究成果发布阶段

交流发布阶段主要表现为学术论文的写作和发表。科研人员在此阶段的信息需求主要集中在论文写作和对学科内期刊的有关信息（期刊影响因子、期刊SCI分区等）及核心期刊投稿指南的了解上。

在成果提交与评价阶段需要查找各种资料并进行查新工作，进行研究成果总结，为课题的鉴定提供参考依据，如论文收录引用与评价需求。

（4）科学研究成果转化阶段

科研成果的推广和转化是科学研究应用实践的最终环节，同时也是产学研结合中比较薄弱的环节。科研项目负责人多数是"学者型"的，对于企业盈利模式和企业发展战略的研究较少，较难很好地实现科研成果的转化。

科研成果转化一般要经过3个阶段：研究与发展阶段、转化与应用开发阶段（即中试阶段）、产业化或商品化阶段（即生产经营阶段）。在此过程中不仅需要图书、期刊、标准、专利、会议录等文献，还需要与转移成果有关的社会政策、法律及保障体系，以及科技成果信息、交易信息、人才信息等[13]。

1.2 认识 STM 信息资源行业

1.2.1 概念与范围

2004 年,《中共中央办公厅、国务院办公厅关于加强信息资源开发利用工作的若干意见》(下文简称《意见》)中提出,我国要"加快信息资源开发利用的市场化进程,促进信息资源产业健康快速发展"。中共中央办公厅、国务院办公厅在 2006 年颁布的《2006—2020 年国家信息化发展战略》中提出:"实现资源优化配置和信息共享,要以需求为主导,充分发挥市场机制配置资源的基础性作用。"由此可见,我国已经将信息资源产业化作为国家信息化发展的战略方向。

北京大学陈建龙提出,科技信息资源共享的产业化战略就是从国民经济和社会发展的信息化进程这一战略高度,确认科技信息资源的开发和利用是信息化基础设施建设的重要组成部分,确定科技信息资源共享的产业化方向和核心领域,确立科技信息资源共享在国民经济中的战略地位和行业地位。科技信息资源共享不能停留在"理论探索""试验项目""友好行为"等层面,要明确核心领域并朝着产业化的方向发展。科技信息资源共享对科学技术的发展和国家的强盛具有十分重要的现实意义和战略意义,在国民经济中应该占有战略地位和行业地位[14]。

目前,我国在宏观层面上还没有把"科技信息资源"作为独立的产业列入国民经济目录,信息产业的各种分类中也没有"科技信息资源"一项。因此,明确科技信息资源行业的内涵和构成,不仅可以弥补理论研究的不足,而且可以为未来的产业布局提供理论依据。

目前学术界尚未给出 STM 信息资源行业这一概念的明确定义，笔者在此将其定义为，以科技活动中需要和产生的信息资源为生产劳动对象，为科技活动提供信息形态的产品或服务的行业。

对比文献[15-17]对信息资源产业的内涵分析，笔者认为 STM 信息资源行业的内涵应包括以下 3 点。

① STM 信息资源行业的源头是待开发利用或已得到开发利用的 STM 领域内的信息资源。

② STM 信息资源行业以 STM 信息资源衍生的产品或服务为利润来源。

③ STM 信息资源行业是 STM 信息资源开发利用的商业化模式，通过信息资源的收集、加工、整理等增值环节产生经济价值，增加社会财富和就业机会。

从国民经济统计的角度看，STM 信息资源行业主要涉及计算机服务和软件业，以及其他信息相关服务中 STM 信息为对象的部分，具体涉及内容如表 1.1 所示。

表 1.1 STM 信息资源行业构成

类别			涉及 STM 信息资源行业的领域
计算机服务和软件业	软件服务	基础软件服务	
		应用软件服务	STM 信息资源软件服务
		其他软件服务	
其他信息相关服务	新闻出版业	新闻出版	STM 行业新闻
		图书出版	STM 图书出版
		报纸出版	STM 行业报纸

续表

类别			涉及 STM 信息资源行业的领域
其他信息相关服务	新闻出版业	期刊出版	STM 期刊出版
		音像制品出版	STM 音像制品出版
		电子出版物出版	STM 电子出版
		其他出版	STM 数据库出版
	图书馆与档案馆	图书馆	提供 STM 信息资源及服务的图书馆
		档案馆	提供 STM 信息资源及服务的档案馆

1.2.2 STM 信息资源行业的价值链分析

产业价值链是指以某一项核心技术或工艺为基础，提供能满足消费者某种需要的效用系统为目标的、具有相互衔接关系企业的集合[18]，是分析产业链企业在竞争中所执行的一系列经济活动价值的一种方式[19]。

科技信息资源的价值是指科技信息资源在科学研究、科技创新和社会发展等客体活动需求的过程中发挥的作用及具备的潜力，它反映了价值主客体之间的经济关系，并具有稀缺性、商品属性和资本属性等经济学特征。科技信息资源的价值流动存在于资源的生产、保存、传递和使用的全过程，并以各种形式发挥着重要的作用，价值已成为科技信息资源共享中重要的动力之源。因此，本书试图根据 STM 信息资源行业的构成，对 STM 信息资源的价值流动轨迹进行概要分析，STM 信息资源行业价值链如图 1.2 所示。

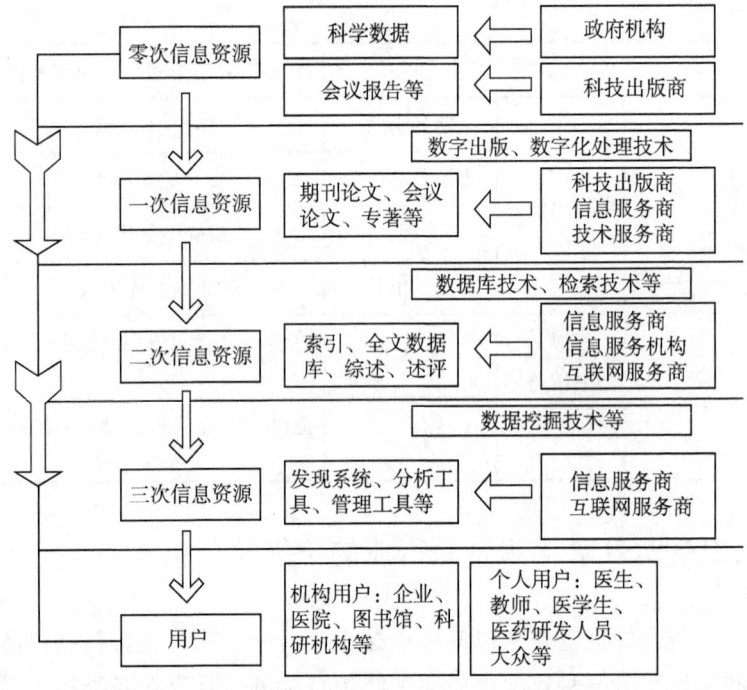

图 1.2 STM 信息资源行业价值链

零次科技信息资源主要包括科学数据等未经专门加工和整理的科技信息，是在科研及其相关活动过程中产生的对科技活动具有进一步利用价值的信息。这些信息资源是其他活动的副产品，散落在不同的科研机构、科研人员的手中，需要进一步汇聚、汇集以产生更大价值。

一次科技信息资源是指运用数字和文字对零次科技信息进行加工所产生的科技信息，是研究项目的基本产出物，如一篇期刊论文、一项专利，经过科技出版的编辑加工，内容价值的附加过程主要在信息资源提供方的生产活动中体现，内容价值是一次信息资源产品所包含的最原始信息价值。信息资源就其所具有的内容价值而言,与其依托的物质载体无关,与能否被利用或被检索无关,经过科技出版的编辑加工才可以起到科技交流的价值。

二次科技信息资源是指在一次科技信息资源的基础上,经过加工整理而形成的供检索使用的信息资源,如科技文摘、索引和目录等。一次科技信息资源经过著录、标引、建库等加工过程之后,就可以被检索利用,信息技术提供方所对应的技术价值也被附加在信息资源产品上,虽然与纸质版的图书或期刊在内容价值上毫无差异,但由于二者基于的载体不同,也就是加工及传播信息资源基于的信息技术手段不同,在应用的过程中会形成截然不同的用户体验,提供纸质版无法实现的查询等功能。

三次科技信息资源是指对一次、二次科技信息资源进行综合、分析等深加工后形成的科技信息资源,包括各类专业分析工具(概念地图、主题和数据挖掘分析)、专业咨询分析服务等。

零次、一次、二次和三次科技信息资源产品均可以直接提供给用户使用,在使用过程中创造价值。同时在从零次到一次、二次、三次持续价值提升的过程中,不断凝聚更多的智力劳动,服务的深度、专业性、针对性也不断加强,满足用户不断深入的信息需求。

1.3 小结

本章通过对STM信息资源概念的认识,对其分类和在科研活动不同环节中所扮演的角色进行了阐述,进而引入了STM

信息资源行业的概念,并对其范围给予界定,在此基础上进行STM信息资源行业纵向的价值链分析,为接下来从市场、政策和用户方面进行更深入的研究奠定了理论基础。

第 2 章
纵观国际 STM 行业发展

我国 STM 行业的发展目前处于初级阶段，而国际 STM 行业的发展无论在市场规模、产品服务、竞争机制等方面都更趋完善和成熟。因此，本章将以实证研究为主，从国际 STM 行业发展概况、市场竞争程度、产品进入时间及企业产品服务体系 4 个方面进行研究分析，试图通过对国际 STM 市场数据的收集、整理及提炼，展示国际 STM 行业的发展现状与发展历程；通过对国际优秀 STM 企业的调研（包括出版商、信息提供商的收入和市场份额分析），理解 STM 行业市场结构，探讨 STM 价值链间的相互作用机制，并以此为我国 STM 行业未来发展方向及政策制定提供参考。

2.1 国际 STM 行业发展概况

STM 行业是世界信息服务行业体系中的重要组成部分。全球范围内从事或涉及 STM 行业的企业覆盖了 21 个国家，规模以上企业总数超过 120 家，这些 STM 企业每年出版全球学术论文总数 66% 以上的期刊论文和成千上万的专著、参考著作。产业主要的服务对象包括学校、科研院所、医疗机构、企业、政府部门等。

2.1.1 研究方法与数据处理

本章通过对国际 STM 市场数据的收集、整理及提炼,展示国外 STM 行业的发展现状。通过收集并使用国际科学技术和医学出版商协会(International Association of Scientific, Technical & Medical Publishers, http://www.stm-assoc.org)提供的 STM 行业统计数据与美国 Outsell 咨询公司(http://www.outsellinc.com)信息产业发展报告中析出的相关数据,为本书在行业信息及统计数据方面的进一步分析提供了可靠来源。

国际科学技术和医学出版商协会是代表各种类型的科学、技术和医学出版商的国际性行业组织。它拥有超过 100 家科学、技术和医学出版商机构成员,其成员每年出版的研究性文章占全球年出版量的 60% 以上,出版的研究性期刊占全球年出版量的 55% 以上,此外还出版大量的印刷读物、电子图书、参考书及数据库等[20]。

美国 Outsell 咨询公司是一家专注于信息内容服务领域的专业研究与咨询公司。该公司每年都会组织专业分析团队出版信息内容服务行业分析报告,报告内容包括出版商、信息提供商的收入和市场份额分析,以及关于行业发展主要趋势和行业增长驱动因素的讨论。报告专业性及权威性获得业内认可,为企业扩大市场份额、提高经济实力提供了参考。

2.1.2 结果分析

数据显示,全球 STM 行业在 2008—2012 年获得了稳步快速地发展,市场规模逐年扩大,产品服务水平不断提升,到 2012 年年底市场总规模已达到 245 亿美元,5 年年均复合增长率超过

6%，亚洲新兴市场对 STM 企业的吸引逐年加大，而在 STM 企业的业务中，医学信息服务业务在全球范围内发展最为迅猛。

2.1.2.1 STM 行业具有较大的市场规模

据 2013 年最新统计数据显示，全球信息产业的市场总额在 2012 年年底已超过 4962 亿美元。在对信息行业进行市场细分后的 11 个领域中，STM 行业 2012 年市场总规模已达到 245 亿美元，占信息行业整体规模的 4.94%。2012 年度信息行业市场规模的基本情况如表 2.1 所示。

表 2.1 2012 年信息行业市场规模及所占比例

行业分类	市场规模/亿美元	占信息行业整体规模的比例
B2B 贸易	297	5.99%
信贷和金融	509	10.26%
教育培训	617	12.44%
财税法律	197	3.97%
市场研究和分析咨询服务	397	8.00%
新闻	825	16.63%
地球物理	66	1.33%
聚合搜索	245	4.94%
STM	742	14.95%
图书杂志	821	16.55%
黄页	246	4.96%

2.1.2.2　STM 行业持续稳定的快速发展

2008 年信息行业整体市场规模为 4740 亿美元，受国际经济环境等外部因素影响，该数据在 2009 年下滑 6.33% 至 4440 亿美元，此后两年间始终不能有效提高市场规模，年增长率都在 3% 以下，直到 2012 年才出现有效改善，信息行业整体市场规模于 2012 年增长 7.40% 至 4962 亿美元，5 年年均复合增长率仅为 0.92%。

虽然目前 STM 行业市场总规模在信息行业整体中占比偏低，在最新数据统计中只占信息行业总规模的 4.94%，但从近 5 年的相关数据来看，STM 行业发展较快，始终保持着稳定增长，5 年中年均复合增长率达到 6.30%。2008—2012 年信息行业及 STM 行业市场发展规模如表 2.2 和表 2.3 所示。

表 2.2　信息行业 2008—2012 年市场发展规模

	2008 年	2009 年	2010 年	2011 年	2012 年
信息行业市场规模（亿美元）	4740	4440	4490	4620	4962
年增长率	—	6.33%	1.13%	2.90%	7.40%
5 年年均复合增长率	0.92%				

表 2.3　STM 行业 2008—2012 年市场发展规模

	2008 年	2009 年	2010 年	2011 年	2012 年
STM 行业市场规模（亿美元）	180.54	195.94	202.69	210.04	245.00
年增长率	—	8.53%	3.44%	3.63%	16.64%
5 年年均复合增长率	6.30%				
STM 占比	3.80%	4.41%	4.51%	4.55%	4.94%

2.1.2.3 新兴市场有较大的发展潜力

截至2012年年底,STM行业已遍及美国、欧洲、非洲、中东及亚洲等多个地区的21个国家,其中以美国STM市场规模为最大,2012年达到167亿美元。2012年,STM行业在亚洲地区发展最为迅速,年增长率达到9%,为全球各地区增长速度之首,如图2.1和图2.2所示。

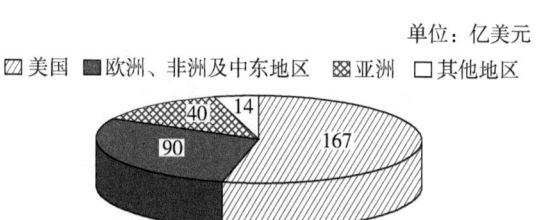

图2.1 2012年STM行业市场规模的地域分布

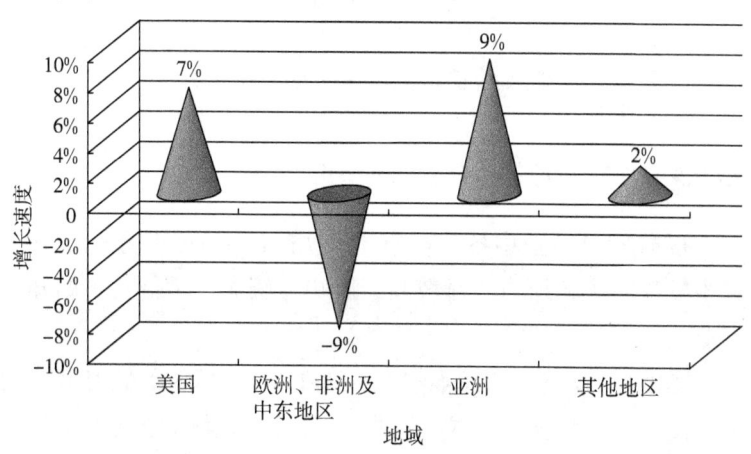

图2.2 2012年STM行业增长速度的地域分布

2.1.2.4 医学业务迅猛发展

在 STM 企业的业务发展中，传统的学术出版及信息服务业务增长相对稳定，面向专业医学的信息服务业务发展迅猛，市场规模逐年增加，从 2008 年的 71.5 亿美元增长到 2012 年的 127 亿美元，5 年内的增长幅度超过 77%，如图 2.3 所示。

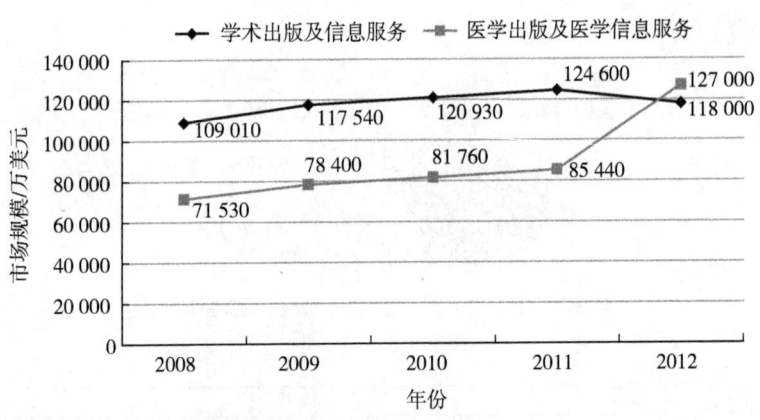

图 2.3　医学信息服务市场规模趋势

2.1.2.5 STM 行业领头企业稳定增长

根据 STM 行业中各公司公开年度报告显示，以下企业在市场中规模较大，所占份额较高，影响力较大，是行业中的知名企业。

2012 年，励德·爱思唯尔（Reed Elsevier）以 33.5 亿美元[21]的营业收入位居市场规模首位，美国 IHS 公司、约翰·威立出版社（John Wiley & Sons）及荷兰威科集团（Wolters Kluwer）分别以 11.6 亿美元、10.5 亿美元及 9.8 亿美元的营业收入列市场规模的第 2 至第 4 位[22-24]。2012 年 STM 行业知名企业营业收入如图 2.4 所示。

第 2 章 纵观国际 STM 行业发展

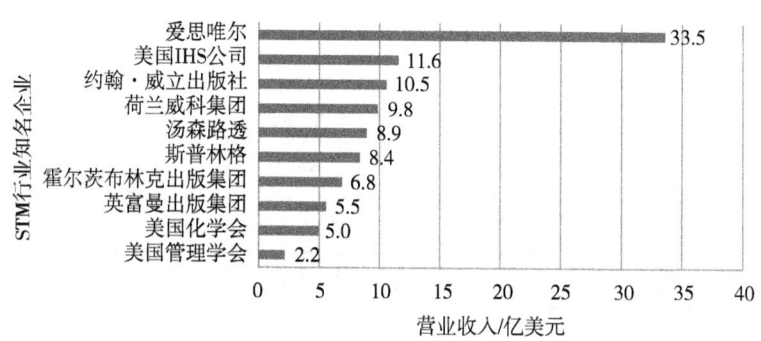

图 2.4 2012 年 STM 行业知名企业营业收入

2008—2012 年，STM 行业规模前 5 名的企业中，除了荷兰威科集团 STM 业务在 2010—2011 年出现下滑外，绝大部分都保持了稳定增长，如图 2.5 所示。

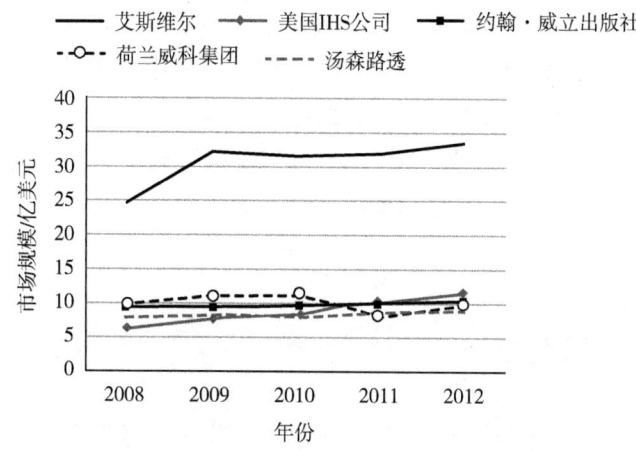

图 2.5 2008—2012 年 STM 企业业务概况

这里需要补充说明一点，以上数据中所涉及企业分处不同国家，使用不同货币结算，为方便统计分析，本章中统一按照当年 12 月 31 日的外汇收盘价兑换为美元，如表 2.4 所示。

表 2.4 企业收入外汇换算表

汇率		2008 年	2009 年	2010 年	2011 年	2012 年
汇率	欧元 / 美元	1.396	1.432	1.339	1.294	1.320
	英镑 / 美元	1.453	1.617	1.560	1.553	1.626

2.2 国际 STM 行业市场竞争分析

在市场环境中，市场集中度是衡量某一市场或行业内厂商之间市场份额分布状况与市场结构的重要指标，它通常能够反映市场竞争和垄断程度[25]。一般用市场中处于前 n 位企业在某项指标上（如销售收入、产值）占整个产业的比重来表示。

市场集中度水平及其变化的决定因素一直是产业经济学研究的重要内容，不同行业的集中度影响因素研究有不同的内容和结论。一般而言，集中度越高，说明少数企业在市场上支配势力越大，竞争程度也越低，反则反之。

2.2.1 研究方法

绝对集中度是最基本的市场集中度指标，通常用规模处于行业前列企业的生产、销售、资产或职工数量占整个市场的生产、销售、资产、职工总量的比重来表示。其计算公式为：

$$CR_n = \sum_{i=1}^{n} X_i / \sum_{i=1}^{N} X_i \text{ 。} \tag{2.1}$$

其中，CR_n 表示市场上规模最大的前 n 位企业的市场集中度，X_i 为按照资源份额大小排列第 i 位企业的生产额或销售额、资产额或职工人数等指标，N 为市场上企业总数。在实际研究中通常取 CR_4 或 CR_8 来进行测度。

按照贝恩[26]对绝对集中度指标与产业的垄断和竞争程度的分类，将集中类型分成 6 个等级，并对行业市场集中度进行测定，如表 2.5 所示。

表 2.5 贝恩对产业垄断和竞争类型的划分

类型	CR_4	CR_8
Ⅰ.极高寡占型	>75%	
Ⅱ.高集中寡占型	65%～75%	>85%
Ⅲ.中(上)集中寡占型	50%～65%	75%～85%
Ⅳ.中(下)集中寡占型	35%～50%	45%～75%
Ⅴ.低集中寡占型	30%～35%	40%～45%
Ⅵ.原子型	<30%	

2.2.2 数据来源

本节收集了 STM 领域相关企业 2008—2012 年的年度财务报告等公开信息，并对此进行分析。因各公司 STM 业务只占公司总营业收入的一部分，同时各公司对其 STM 业务的划分标准不尽相同，行业内也无统一标准，因此统计数据与公司 STM 业务真实收入间或存在差异。

2.2.3 结果分析

利用式（2.1），分别计算 CR_4 与 CR_8 数值。计算 STM 行业内 2012 年营业收入前 4 位及前 8 位企业的财务数据。

计算数据显示，2012 年 STM 市场整体规模约为 245 亿美元。营业收入前 4 位企业整体收入约为 65.47 亿美元，前 8 位企业整体规模约为 95.16 亿美元，分别占全部市场的 26.7% 与 38.84%。根据贝恩分类，STM 行业市场集中度较低，属于原子型市场，如表 2.6 所示。

表 2.6 STM 行业市场集中度

	CR_4	CR_8
2012 年	26.7%	38.84%

一般来看，原子型市场的集中度低、企业数目多、规模小且处于市场过度竞争状态。过度竞争应该表现为某个产业由于进入的企业过多，使许多企业甚至全行业处于低利润甚至是负利润的状态，但是生产要素和企业仍无法从这个行业中退出，使全行业的低利润甚至负利润状态长期地持续下去。但实际上，STM 信息资源的行业利润率一直相对较高，市场增长速度也高于其他类行业。

2.3 STM 行业产品进入时间分析

通过对行业内新产品的分析可以看出进入一个行业需要的相关支撑条件，因此本节通过对当前市场中具有一定国际影响力的产品创立时间进行分析，研究国际 STM 行业产品现状及产品进入时间分布的一般规律，并试图发现进入 STM 行业所需要的支撑条件。

2.3.1 分析对象

目前来看，STM 信息资源产品在我国的主要服务对象为研究院所、高等院校、公共图书馆等，因此选取国家科技文献中心（NSTL）各成员单位、5 所内地重点院校和 1 所香港重点院校，对这些单位采购的信息资源产品（数据库）进行汇总。分析对象总计收录国外数据库 1272 个，去重后得到 783 个国外数据库。具体选取的国家科技文献中心（NSTL）各成员单位与各高校采购国外数据库情况如表 2.7 和表 2.8 所示。

表 2.7 国家科技文献中心成员单位采购国外数据库情况

NSTL 图书馆名录	国外数据库数量/个
中国科学院文献情报中心	170
工程技术图书馆	37
中国农业科学院图书馆	33
中国医学科学院图书馆	74
中国标准化研究院	5
中国计量科学研究院	6

表 2.8　各高校采购国外数据库情况

高校名称	国外数据库数量/个	所处地域
香港中文大学	332	香港
北京大学	155	北京
浙江大学	140	浙江杭州
清华大学	113	北京
上海交通大学	112	上海
复旦大学	95	上海

对全部 783 个国外数据库采用随机抽样方法，抽取 10% 作为调查样本进行分析，如表 2.9 所示。

表 2.9　国外数据库抽样结果

编号	数据库名称	编号	数据库名称
1	EBSCO	9	Ivy DB OptionMetrics
2	Lexis.com International	10	SpringerLink
3	Allen Press	11	BMJ Best Practice
4	PreMEDLINE	12	Royal Society of Medicine
5	Intel Technology Journal	13	Emerald
6	Ebrary Ebook	14	科学引文索引（SCI）
7	Begell Digital Library（BDL）	15	Bentham Science
8	ISI Essential Science Indicators	16	Nature Journal

续表

编号	数据库名称	编号	数据库名称
17	Ovid-Allied and Complementary Medicine	34	HighWire
18	IBFD Tax Research Platform	35	United Nations Treaty Collection
19	C.H.Beck Journal	36	IWA Journal
20	Springer Protocols	37	Philosophy Online
21	Merck Index	38	SPIE Digital Library
22	BioOne	39	SciFinder Scholar
23	Digital Library of MIT Theses	40	Berkeley Electronic Press
24	China-America Digital Academic Library	41	Primal Pictures
25	LWW Journal	42	JAMA Journal
26	World Development Indicators	43	FactSet
27	ECO-index	44	Embase
28	DOE（The Information Bridge）	45	Taylor & Francis Journal
29	ClinicalKey	46	Edgar online
30	American Mathematical Society（AMS）	47	ASM International
31	Current Index to Statistics	48	Westlaw
32	Counseling and Therapy in Video	49	AMA Manual of Style Online
33	BVD-OSIRIS	50	DOAJ

续表

编号	数据库名称	编号	数据库名称
51	Ulrichs web	65	ARTstor
52	Project Euclid	66	Primal Pictures
53	Cell Press	67	GeoBase
54	F1000 Medicine	68	Riskmetrics
55	Press Display	69	Engineering Index
56	IEEE Xplore	70	AGU Journal
57	Public Library of Science	71	PQDTT
58	ISI BIOSIS Previews	72	SAE online technical papers
59	AACR Journal	73	Endnote
60	Bentham Science	74	Ingenta connect
61	Google Scholar	75	Practical Law
62	INSPEC	76	JustCite
63	Pubmed	77	HeinOnline
64	SciELO	78	CompuStat

2.3.2 分析结果

2.3.2.1 产品创立时间

在获得调查样本范围后，根据可公开获得的信息，对上述78项 STM 产品进行调研，对其产品或服务创立时间的数据进行收集，整理出各项产品进入市场的时间。对于同一厂商产品中信息内容载体的变更（如纸本、光盘、电子数据库），按照该信息内容最早出现的时间计算产品创立时间，如表 2.10 所示。

表 2.10　STM 产品创立时间

编号	产品名称	创立年份	进入时间(年)	编号	产品名称	创立年份	进入时间(年)
1	EBSCO	1984	29	12	Royal Society of Medicine	1805	208
2	Lexis.com International	1970	43	13	Emerald	1967	46
3	Allen Press	1935	78	14	科学引文索引（SCI）	1961	52
4	PreMEDLINE	1996	17	15	Bentham Science	1994	19
5	Intel Technology Journal	1998	15	16	Nature Journal	1869	144
6	Ebrary Ebook	1999	14	17	Ovid-Allied and Complementary Medicine	1984	29
7	Begell Digital Library（BDL）	1991	22	18	IBFD Tax Research Platform	1938	75
8	ISI Essential Science Indicators	2001	12	19	C.H.Beck Journal	1763	250
9	Ivy DB OptionMetrics	1999	14	20	Springer Protocols	2008	5
10	SpringerLink	1996	17	21	Merck Index	1889	124
11	BMJ Best Practice	1995	18	22	BioOne	2000	13

续表

编号	产品名称	创立年份	进入时间(年)	编号	产品名称	创立年份	进入时间(年)
23	Digital Library of MIT Theses	1865	148	36	IWA Journal	1999	14
24	China-America Digital Academic Library	2002	11	37	Philosophy Online	1966	47
25	LWW Journal	1792	15	38	SPIE Digital Library	1955	58
26	World Development Indicators	2005	8	39	SciFinder Scholar	1998	15
27	ECO-index	1987	26	40	Berkeley Electronic Press	1999	14
28	DOE（The Information Bridge）	1948	65	41	Primal Pictures	1991	22
29	ClinicalKey	2012	1	42	JAMA Journal	1883	130
30	American Mathematical Society（AMS）	1888	125	43	FactSet	1978	35
31	Current Index to Statistics	1975	38	44	Embase	1974	39
32	Counseling and Therapy in Video	2000	13	45	Taylor & Francis Journal	1852	161
33	BVD-OSIRIS	1991	22	46	Edgar online	1996	17
34	HighWire	1995	18	47	ASM International	1968	45
35	United Nations Treaty Collection	1946	67	48	Westlaw	1992	21

续表

编号	产品名称	创立年份	进入时间(年)	编号	产品名称	创立年份	进入时间(年)
49	AMA Manual of Style Online	1962	51	64	SciELO	1997	16
50	DOAJ	2002	11	65	ARTstor	2003	10
51	Ulrichs web	1932	81	66	Primal Pictures	1991	22
52	Project Euclid	1999	14	67	GeoBase	1980	33
53	Cell Press	1986	27	68	Riskmetrics	1989	24
54	F1000 Medicine	2006	7	69	Engineering Index	1884	129
55	Press Display	1999	14	70	AGU Journal	1919	94
56	IEEE Xplore	1988	25	71	PQDTT	1997	16
57	Public Library of Science	2003	10	72	SAE online technical papers	2007	6
58	ISI BIOSIS Previews	2004	9	73	Endnote	1998	15
59	AACR Journal	1907	106	74	Ingenta connect	1998	15
60	Bentham Science	1994	19	75	Practical Law	1990	23
61	Google Scholar	2004	9	76	JustCite	2002	11
62	INSPEC	1967	46	77	HeinOnline	2000	13
63	Pubmed	1996	17	78	CompuStat	1962	51

2.3.2.2 STM产品进入时间分布

通过对78个调研样本的分析显示,进入时间最长的是德国最大的法律出版集团 C.H.Beck 出版社旗下的"C.H.Beck Journal",创立于 1763 年,进入市场时间长达 250 年;进入市场时间最短的为 Elsevier 旗下的数据库产品"ClinicalKey",创立时间为 2012 年,进入市场时间仅为 1 年。STM 产品进入市场时间及数量分布如图 2.6 所示。

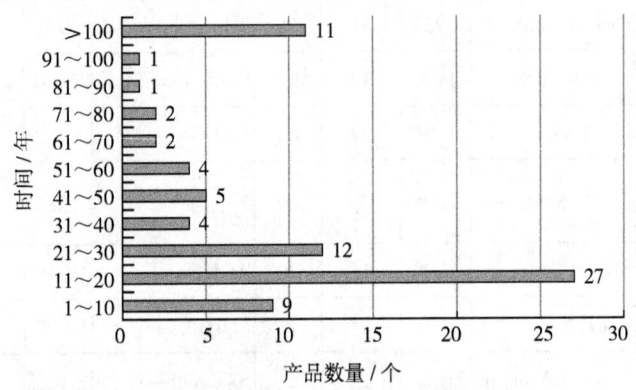

图 2.6 STM 产品进入时间及数量分布

整体来说,STM 类相关产品进入市场的时间具有以下特点。

(1) STM 产品进入市场时间普遍较长

从调研的 78 个 STM 产品样本进入市场的时间来看,进入时间在 1~10 年的产品数量为 9 个,占样本总量的 11.54%;进入时间在 3 年以内的产品仅有 1 个,占样品总量的 1.28%;进入时间在 5 年以内的产品数量为 2 个,占样本总量不足 3%。

从目前 STM 行业发展现状及产品进入数量上来看,产品进入时间普遍较长,绝大部分产品的进入时间在 5 年以上,各 STM 企业中新产品数量较少,推新频率较低,行业具有一定程度上的进入壁垒。

(2）从早期的纸质出版物过渡到数字化产品

从产品演化来看，目前的 STM 行业产品中，很多是基于早期创办的学术期刊逐步发展演变形成的数字化产品，这些经典老牌的学术期刊品牌影响力很强，在数字产品中得到了延伸并进一步发展壮大，占据了一定的市场地位。如 American Mathematical Society（AMS）、LWW Journal（现成为威科医学下属出版业务，并与威科 STM 业务进行整合）、Nature Journal（现为 Nature Publishing Group 的主体出版业务）及 JAMA Journal 等。

(3）STM 行业近 30 年发展迅速

从产品数量来看，1983 年以后的 30 年间，STM 行业产品数量增长最多。在 STM 产品调研的 78 个样本中，30 年内进入的产品总数为 48 个，占样本总数的 61.54%。

1983 年以后，随着社会科技发展的不断加快，以及信息处理技术、计算机技术和互联网技术的飞速发展，使得 STM 行业无论是从产品内容、质量，还是产品形式、展示手段上都拥有了跨越式的发展。在此期间，STM 行业中信息内容的加工深度与精度不断提高，出版形式上大量的传统出版企业向着数字化出版转变。受此影响，行业中大量的电子数据库、决策分析工具等新型产品在此期间应运而生，使得 STM 行业产品的整体结构出现了新的变化。

2.4 STM 行业价值链分析——以企业为例

以国外 STM 企业产品宣传资料、企业年报、学术文献、行业报告等资料为依据，梳理出行业中最具代表性的 5 种特色产品/服务及产品所属的5家企业/机构,分别对这5家企业的产品体系进行分析,探讨其特色产品的服务模式,进一步对其行业价值链进行分析。

2.4.1　STM行业主要企业及产品体系

本部分选取5家服务模式及产品体系在STM行业内具有较高代表性的企业/机构,分别为励德·爱思唯尔(Reed Elsevier)、荷兰威科集团(Wolters Kluwer)、斯普林格(Springer)、汤森路透(Thomson Reuters)及美国国立生物技术信息中心(National Center of Biotechnology Information,NCBI)。以这5家机构的主要产品线进行案例分析,展示STM信息资源行业中具体的产品价值增值过程。5家机构所选取的产品线如表2.11所示。

表 2.11　STM 企业及代表性产品/服务

企业/机构名称	代表性产品/服务
Reed Elsevier	期刊出版服务
Springer	图书出版服务
Wolters Kluwer	医学决策工具
Thomson Reuters	企业创新工具
NCBI	科学数据库

按上述产品序列,选取出的具体产品情况如表2.12所示。

表 2.12 企业 / 机构产品情况

企业 / 机构名称	产品名称	产品类型
Reed Elsevier	Science Direct	全文数据库
	Scopus	文摘库、评价分析
	Clinical Key	临床知识库
	SciVal	科技评价决策工具
	CPM CarePoints	电子病历工具
	Pharma Pendium	药物信息库
Wolters Kluwer	ProVation Medical	临床信息管理工具
	Medi-Span	药物决策支持工具
	Health Language	医学语言引擎
	Pharmacy OneSource	药房信息管理工具
	Lexicomp	药物知识库
	Facts & Comparisons	药物信息库
	UpToDate	临床知识库
	Ovid	全文数据库
Springer	Springer Protocols	实验室指南库
	Springer Images	图像数据库
	Springer Materials	科学数据库
	Springer Link	全文数据库
Thomson Reuters	Derwent World Patents Index	专利数据库
	SAEGIS	商标数据库
	TECHSTREET	行业规范标准数据库

续表

企业/机构名称	产品名称	产品类型
Thomson Reuters	Thomson Innovation	科技创新工具
	Thomson Data Analyzer	情报文本挖掘工具
	IP Search Services	知识产权服务工具
	SERION	商标预警工具
NCBI	UniGene	基因序列数据库
	RefSeq Database	
	dbSNP ORF Finder	
	Electronic PCR	
	GeneMap'99	染色体序列数据库
	The Davis Human-Mouse Homology Maps	
	CCAP	
	Entrez Genomes	基因分析数据库
	COGs	
	Retroviral genotyping tools	
	CGAP	基因表达数据库
	SAGEmap	
	OMIN	
	The Molecular Modeling Database	蛋白质结构数据库
	Pubmed	文摘库/检索工具
	Entrez	

续表

企业/机构名称	产品名称	产品类型
NCBI	The Taxonomy Browser	文摘库/检索工具
	LocusLink	
	BLAST	序列相似性比较工具

2.4.2 STM代表产品体系的价值链分析

本书第1章已经明确了STM行业价值链的概念，明确了STM行业产品的价值流动存在于资源的生产、保存、传递和使用的过程中，并以各种形式发挥着重要的作用。而价值在生产、保存、传递和使用过程中的不断提升，同样体现在STM企业及其对应的产品上。

为了明确企业产品价值的流动轨迹，依照上述5家企业/机构的产品体系结构划分，按照信息资源类型的分类对STM产品体系进行汇总，以此分析其信息内容的生产、保存、传递过程。

2.4.2.1 Reed Elsevier——期刊出版服务价值链分析

Reed Elsevier出版集团是全球最大的科技出版商。它是由英国的励德公司与荷兰的爱思唯尔公司合并而成的集团。其与出版相关的机构包含爱思唯尔、律商联讯、励展及锐德商讯4个机构，其产品与服务包括期刊、图书专著、教科书和参考书的纸版及电子版，出版领域涵盖医学、生命科学、自然科学和社会科学等[27]。

作为全球最大的学术期刊出版商，Reed Elsevier拥有众多世界上公认的高品位学术期刊,如《柳叶刀》《细胞》《四面体》等。在最新公布的《期刊引用报告》(JCR)的 229 个领域中,Reed Elsevier 旗下的期刊在其中 51 个领域里位列头名,影响因子位居世界第 1 位。

随着数据库技术及计算机的普及,依托强大的期刊出版服务,Reed Elsevier 出版集团利用先进的科技信息技术,发展完善自身的数据库和其他科技信息服务业务,形成了庞大的产品价值链条,如图 2.7 所示。

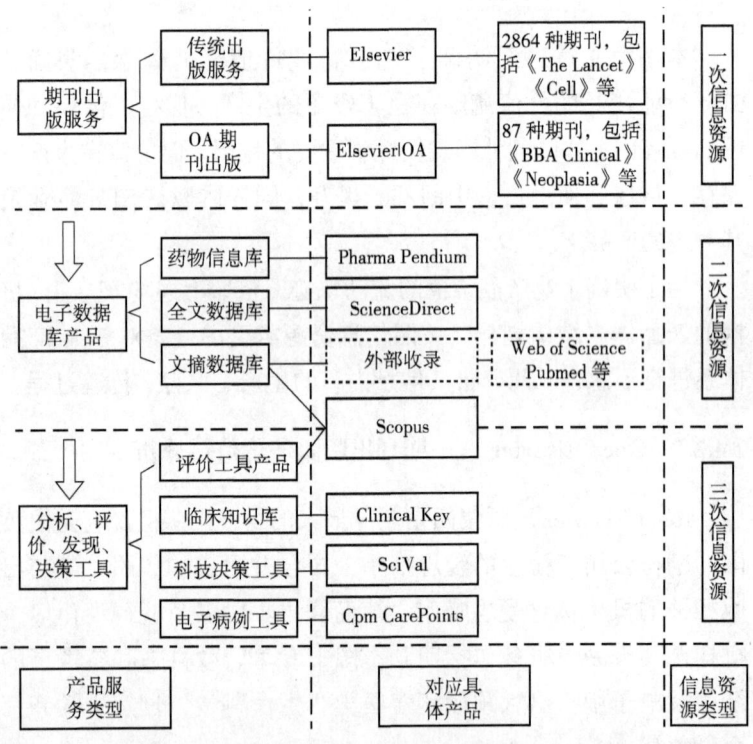

图 2.7 Reed Elsevier——期刊出版服务价值链分析

Reed Elsevier 产品链主要由出版服务、电子数据库及评价分析决策工具 3 种产品服务模式组成。基于其优秀的期刊出版资源，依赖信息资源加工程度的不同，形成了药物信息库、全文数据库、文摘数据库等二次信息资源产品，以及评价工具、科技决策工具、电子病历工具等三次信息资源产品，在信息资源加工程度不断深化的过程中，其产品价值不断升值。

2.4.2.2　Springer ——图书出版服务价值链分析

Springer 出版集团是德国第三大出版公司。施普林格出版集团年出版新书 2000 多种，在版图书 19 000 种，其中 60% 是英文版。图书除销往德语国家外，还销往美国和亚洲国家。Springer 出版集团出版的图书按专业分为化学、计算机技术、经济与管理、工程技术、环境科学、地球科学、法律、生命科学、数学、医学、药学、物理、心理学和统计学等。

随着科学发展步伐不断加快，科研工作者需要新信息的速度也相应加快。Springer 通过 SpringerLink 系统提供学术期刊及电子图书的在线服务。Springer 最受欢迎的丛书著作皆被纳入 Springer 回溯数据库（Online Book Series Archive），形成了数字化、信息化的产品服务体系与价值链条，如图 2.8 所示。

Springer 图书出版服务价值链主要以图书出版服务及数据库产品组成，以英文及德文的图书、丛书、专著出版为主，并通过对上述一次信息资源的电子化与数字化，提炼出高质量信息，形成了全文数据库、图片数据库、科学数据库、实验室指南库等二次信息资源产品。

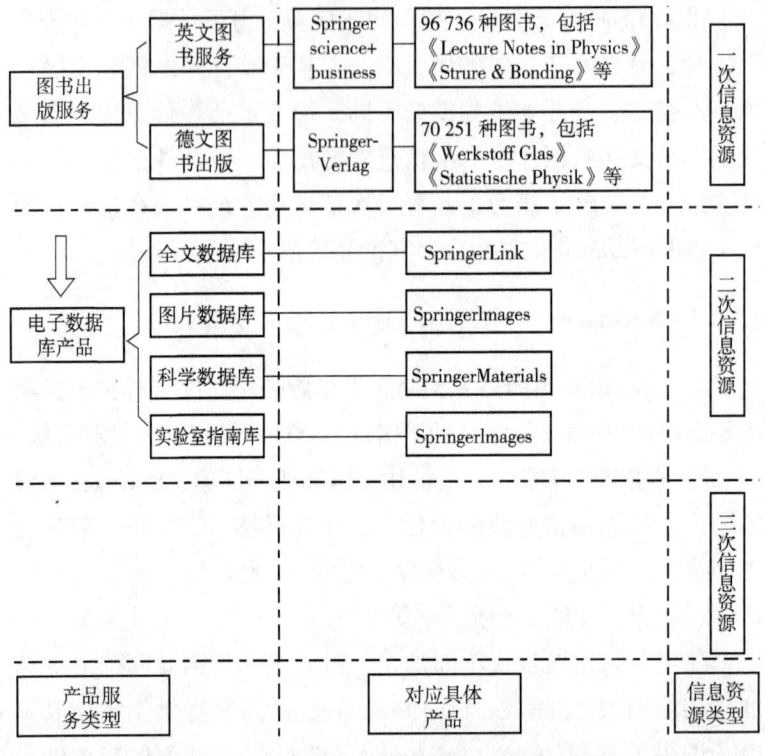

图 2.8 Springer——图书出版服务价值链分析

2.4.2.3 Wolters Kluwer ——医学决策工具价值链分析

Wolters Kluwer 旗下业务涉及医疗、企业服务、金融、税务、会计、法律、规章制度和教育等众多领域。其医学业务可谓独树一帜，旗下为医疗卫生专业人士和医疗机构提供综合信息、工具和解决方案的医学决策工具产品在全球处于领先水平，形成了上下游互动良好的产品价值链条体系，如图 2.9 所示。

第 2 章 纵观国际 STM 行业发展

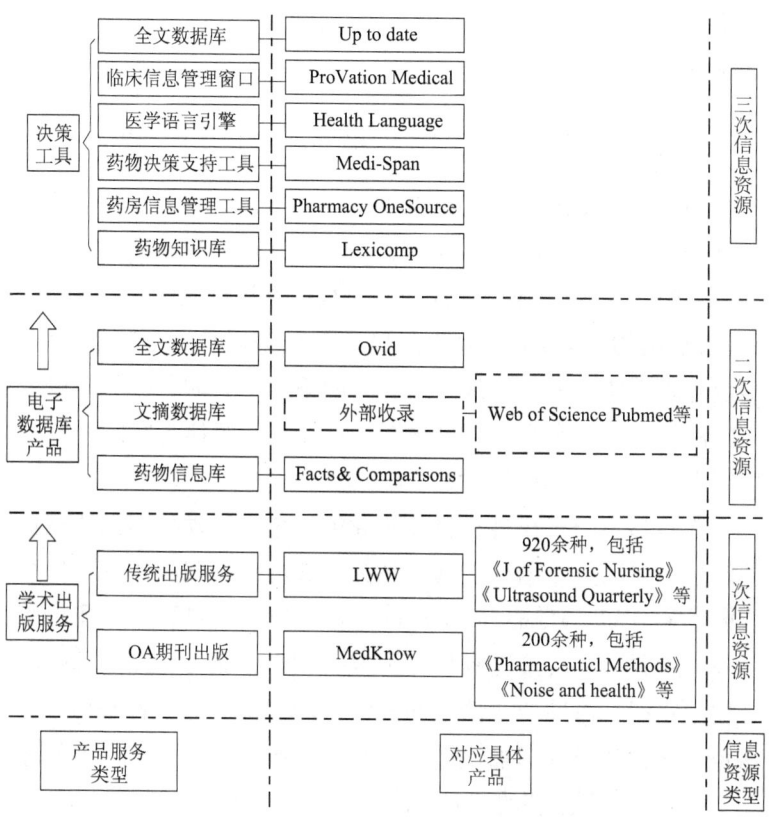

图 2.9 Wolters Kluwer——医学决策工具价值链分析

Wolters Kluwer 医学决策工具的相关产品包含临床知识库、临床信息管理工具、医学语言引擎、药物决策支持工具、药房信息管理工具及药物知识库等多种三次信息资源产品。同时，Wolters Kluwer 医学业务还包含全球最大的生物医药电子信息平台 Ovid[28] 和世界第二大医学出版社 Lippincott Williams&Wilkins（LWW）等世界知名的一次、二次信息资源产品。

丰富的下游产品为医学决策工具提供良好的支撑，同时贴近使用者，充分考虑应用场景，也是 Wolters Kluwer 医学决策工具获得成功的重要因素。

2.4.2.4 Thomson Reuters——企业创新工具价值链分析

Thomson Reuters 成立于 2008 年 4 月 17 日，是由加拿大汤姆森公司（The Thomson Corporation）与英国路透集团（Reuters Group PLC）合并组成的商务和专业智能信息提供商。主要为企业、金融机构和消费者提供财经信息服务，例如，电子交易系统、企业管理系统、风险管理系统、桌面系统、新闻服务等，以及面向法律、税务和会计、科学、医疗保健和媒体市场的专业人员提供智能信息及解决方案等服务。

在其知识产权与科技服务业务中的企业研发与知识产权保护服务中，以企业创新工具产品为代表的产品服务体系，在行业内首屈一指。Thomson Reuters 企业创新工具自身不涉及出版服务，主要通过决策工具与电子数据库为企业产品技术部门制订技术路线，协助企业情报和战略部门掌握产业竞争态势，帮助企业知识产权部门加快创建知识产权布局。目前，本项服务已经形成了一条独特的产品价值链，如图 2.10 所示。

从功能上看，Thomson Reuters 企业研发与知识产权保护服务主要分为专利检索分析与商标查询保护；从产品价值链结构上可分为企业创新工具与电子数据库产品，分别对应三次信息资源产品与二次信息资源产品。

二次信息资源产品主要由专利数据库、商标数据库及行业规范数据库等组成；三次信息资源产品是在对上述产品信息资源进行抽提、加工后，结合使用者应用环境形成的科技创新工具、竞争情报文本挖掘工具、知识产权服务、商标预警工具等企业创新产品。

第 2 章 纵观国际 STM 行业发展

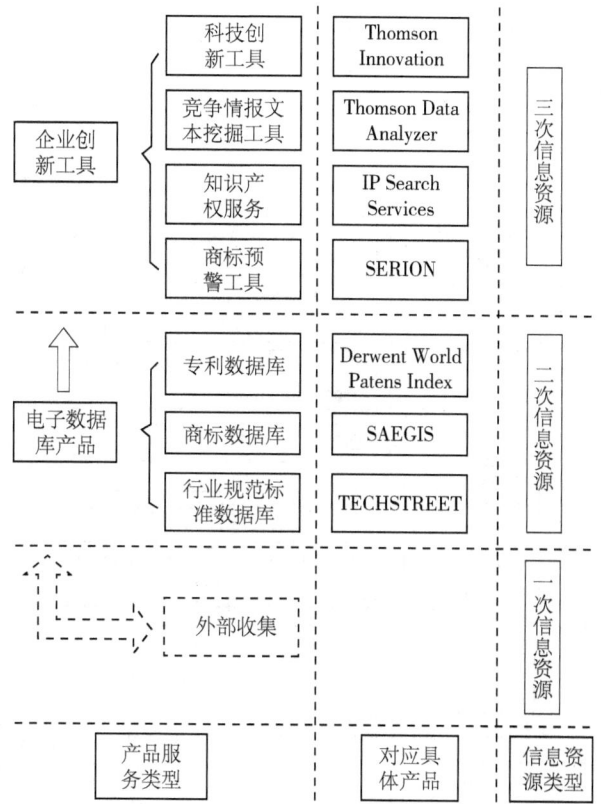

图 2.10 Thomson Reuters——企业创新工具价值链分析

2.4.2.5 NCBI——科学数据库价值链分析

NCBI 于 1992 年 10 月承担了建设 GenBank DNA 序列数据库的责任。NCBI 的工作人员通过来自各个实验室递交的序列和同国际核酸序列数据库（EMBL 和 DDBJ）交换数据建立数据库，科学数据库价值链分析如图 2.11 所示。

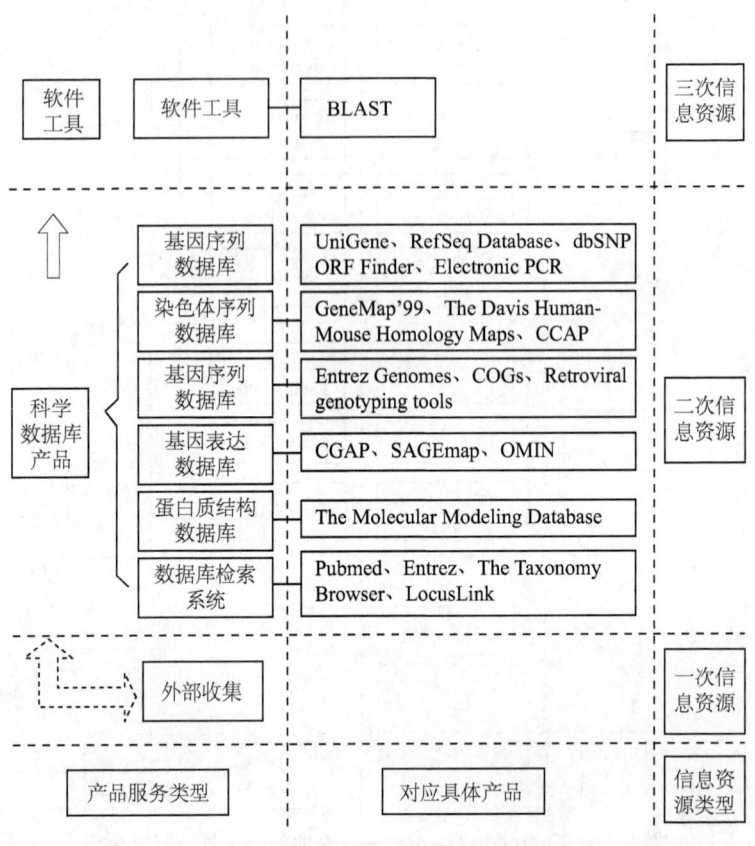

图 2.11　NCBI——科学数据库价值链分析

作为美国最大的生物信息学系统，NCBI通过下属数据库产品与网站为全世界的科学家提供服务，拥有GenBank、RefSeq、UniGene、dbSNP等多种大型生物学数据库，并且提供了多种数据库查询工具，如Entrez、PubMed、LocusLink、Taxonomy Browser等，以及多种数据库分析资源，形成了以数据资源库为主、分析工具为辅的产品价值链条[29]。

2.4.3 结论

对 STM 企业产品价值链的分析，有助于将复杂的 STM 企业产品种类结构简化，使之成为最基本的产品服务类型、信息资源类型、信息服务提供商 3 个维度，以及信息内容生产、保存、传递和使用的 4 个过程环节。STM 产品价值链的运行主要体现在 4 个过程环节在 3 个维度的创新与发展，基于前一环节资源的加工、提炼与挖掘，形成价值更高的后续环节，以实现产品价值增值。通过调查分析，可以得出以下几点结论。

2.4.3.1 STM 产品服务经典模式

目前 STM 信息资源服务市场上出现的主要产品与服务有：科技期刊出版服务、图书出版服务、索引目录、全文数据库、科学数据库、知识发现系统、分析工具、管理工具及决策工具等，根据产品服务上下游价值关系的耦合，形成了 Reed Elsevier 期刊出版服务、Springer 图书出版服务、Wolters Kluwer 医学决策工具、Thomson Reuters 企业创新工具、NCBI 科学数据库 5 种经典的产品服务模式，涵盖了行业内绝大多数厂商产品及服务的形式。

2.4.3.2 STM 产品价值流动轨迹

通过对 5 家具有代表性企业的产品价值链条的分析可以发现，每一种优秀的产品服务模式，都拥有强大市场竞争力的关键环节，如 Reed Elsevier、Springer 在信息内容的生产方面，Thomson Reuters、NCBI 在信息内容的收集、保存与传递方面，以及 Wolters Kluwer 在信息内容的挖掘、提炼与使用方面。

通过关键环节的龙头作用，按信息资源类型有序整合上下游环节，带动上下游产品共同创新发展，将各自企业原有优势产品的单体竞争力转化为产品链条与产品体系的整体优势，提升 STM 企业的整体竞争力。

2.4.3.3 信息资源生产源头在产品链条中仍占主导地位

信息资源的生产是产品价值链条的源头，通过对生产出来的信息资源进行收集、加工、整理等增值环节产生经济价值，从而增加社会财富和就业机会。

上述各产品链条的构成中，一次信息资源产品及服务仍占主导地位，无论是以出版服务起家的传统 STM 企业机构（如 Reed Elsevier、Springer、Wolters Kluwer），还是以数据库技术、计算机互联网技术为优势的企业机构（如 NCBI、Thomson Reuters），其产品服务的核心内容来源仍是一次信息资源产品。

2.4.3.4 三次信息资源产品的发展需要深度结合用户

作为产品价值链条下游的三次信息资源产品，依靠信息内容高速增长及信息挖掘处理技术的不断进步，在近些年获得较好发展。在上述 5 种具有代表性的产品链条的构成中，绝大多数都包含三次信息资源产品。

同时三次信息资源在产品链条中对信息内容加工、处理的程度最高，能够深层次解决特定用户群体的需求，最大程度上实现了科技信息资源的价值。而这些产品在设计上更加贴近使用者，充分考虑应用场景，是未来 STM 行业产品创新的主要方向。

2.5 小结

从调研情况来看，STM 行业存在整体快速发展、行业内部差异化明显的发展趋势，产品服务突出关键产品的龙头作用，按信息资源类型，有序整合各上下游环节，带动上下游产品共同创新发展的特征。因此笔者认为，我国 STM 信息资源行业的发展需要关注以下几个问题。

（1）丰富产品类型

目前国内 STM 行业占市场份额较大的是以全文数据库为主的一次信息资源产品，产品形式较简单，服务方式较单一，无法深入满足用户需求。需要加强源头信息内容的建设工作，同时应加强产品开发力度，对信息资源进行深层次的加工、分析与挖掘，丰富二次及三次信息资源产品的形式和服务模式。

（2）打通信息资源生产源头与信息服务供应商

目前国内 STM 行业中具有较强信息内容生产能力的出版机构，大多不具备信息加工处理能力。同时，信息服务供应商的自建信息内容数量稀少，对于一次信息资源产品，进行进一步的加工处理，形成产品。这种模式导致了出版机构与信息服务技术供应商相对割裂，导致信息生产、储存、加工、挖掘等工作效率较低，不利于行业整体发展。

（3）深度结合用户需求

国内产品在设计上应细分客户群体，更加贴近使用者，充分考虑应用场景，能够深层次解决特定用户群体的需求，最大程度上实现科技信息资源的价值。

第 3 章
透析 STM 信息资源行业消费行为

3.1 数据来源与研究方法

采用问卷调查法和五分制李克特量表法，调查消费群体的特征，了解消费者对科技、医学信息资源产品和服务的认知、偏好和使用情况，以及消费者使用科技、医学信息资源产品的影响因素。五分制李克特量表又称总加量表，由美国社会心理学家李克特首先提出，是一种心理反应量表，常在问卷中使用，这种量表由一组与主题相关的问题或者陈述组成，用来表明被调查者对某一事物的态度、看法、评价或意向[29]。万方数据知识服务平台和万方医学网的用户基本囊括了科技、医学信息资源的消费群体，因此本章借助上述两个平台进行问卷发放与调研工作，问卷内容详见附录 1 和附录 2。

从调研的组织方面看，由于医学类信息资源是 STM 信息资源产业的重要组成部分，并具有自己特有的消费群体，不同消费群体的消费结构必定存在差异，所以本章将分别研究科学技术类与医学类信息资源的消费结构。

从学科性质和问卷设计角度看，科学技术类与医学类问卷总体结构一致，部分内容体现不同领域的特征。问卷设计中采用五分制李克特量表以便进行统一量化分析。

医学网站用户参与度较高，问卷发布时间为 2014 年 1 月 17

日至 2014 年 2 月 17 日；万方数据知识服务平台的用户参与度较低，因此问卷发布的时间适当延长，从 2014 年 1 月 19 日至 2014 年 3 月 2 日。

3.2 信息资源消费结构研究

3.2.1 问卷回收情况与调查人群基本特征

截至调查结束，共回收问卷 766 份，其中回收科学技术类问卷 162 份，医学类问卷 604 份。使用 SPSS 软件对调查问卷结果进行内部一致性检验，结果 α 系数为 0.96，问卷具有较高的内部一致性。参与调查人群的基本特征如表 3.1 所示。

表 3.1 调查人群基本特征

	特征	所占比例
性别	男	58.22%
	女	41.78%
年龄段	20 岁以下	1.70%
	21～40 岁	74.28%
	41～60 岁	23.37%
	61 岁以上	0.65%
学历	大专及以下	6.53%
	本科	56.40%

续表

特征			所占比例
学历	硕士		31.46%
	博士		5.61%
职业	科技	高校学生	7.18%
		高校教师	3.92%
		科研院所研究人员	2.09%
		企业员工	6.14%
	医学	护士	7.05%
		医技人员	9.79%
		医师	47.26%
		医学科研院所研究人员	1.96%
		医学院校教师	1.70%
		医学院校学生	6.92%
		医药企业员工	2.09%
	其他		3.90%
职称	中级以下		74.54%
	高级		25.46%

3.2.2 消费意识和动机分析

3.2.2.1 消费者对信息资源及产品的认知情况

通过对问卷的分析发现，消费者对信息资源的认知情况具

第3章 透析 STM 信息资源行业消费行为

有明显差异，如图 3.1 所示。

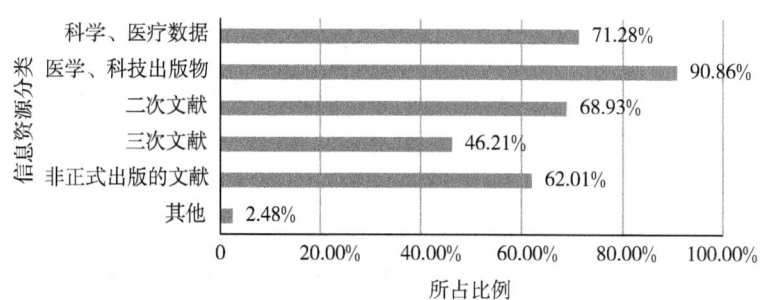

图 3.1 消费者对信息资源的认知情况

如图 3.1 所示，消费者对信息资源内容的认知以图书、报纸、期刊等医学、科技出版物和科学、医疗数据的认知程度最高，其次为索引、文章刊物及数据库等二次文献，再次为学位论文、会议记录及科技报告等非正式出版的文献，认知程度最低的为评价分析报告、引证分析报告等三次文献。消费者经常使用医学、科技出版物、数据和二次文献，因此对这些信息资源的认知也相对较高。机构管理者较多关注评价分析报告、引证分析报告等三次文献，普通消费者较少关注，因此消费者对三次文献的认知普遍较低，如图 3.2 所示。

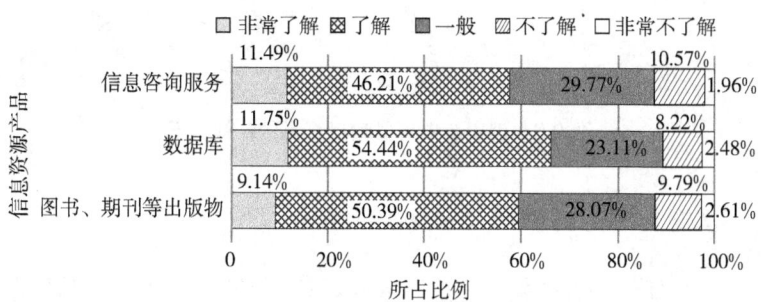

图 3.2 消费者对信息资源产品的认知情况

在对信息资源产品的认知方面,消费者对于图书、期刊等出版物,数据库和信息咨询服务都有一定的认识,了解程度在一般以上的消费者均超过 80%,其中对数据库的了解程度最高。

在信息资源类型的认知方面,消费者对各类信息资源,如医学、科技数据、图书、期刊论文、会议论文、学位论文、科技成果、专利信息、科技报告都有一定的认知,认知程度在了解以上的超过 60%,其中对期刊论文的认知程度最高,其次是图书、会议论文和科技成果,对医疗、科技数据,科技报告和专利信息等使用频率较低的信息资源的认知相对较低。消费者对各类信息资源的认知情况如图 3.3 所示。

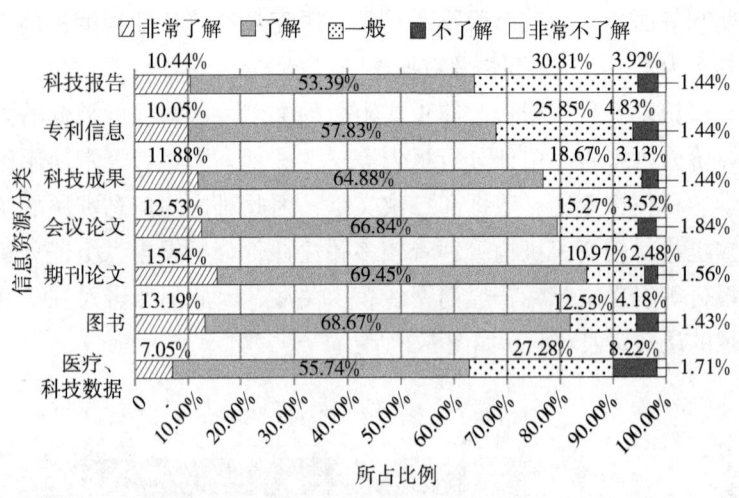

图 3.3 消费者对各类信息资源的认知情况

3.2.2.2 科技信息资源产品的认知途径

在对获取信息资源途径的认知方面,消费者对通过图书馆、网络搜索引擎及数据库公司网站和系统这 3 种获取信息资源的途径都有了一定的认知,故认知程度达到了解以上的消费者比例均超过70%,其中对通过网络搜索引擎获取信息资源的认知最高,多是由于网络搜索引擎在人们的日常生活中经常使用的缘故。消费者对获取信息资源途径的认知情况如图3.4所示。

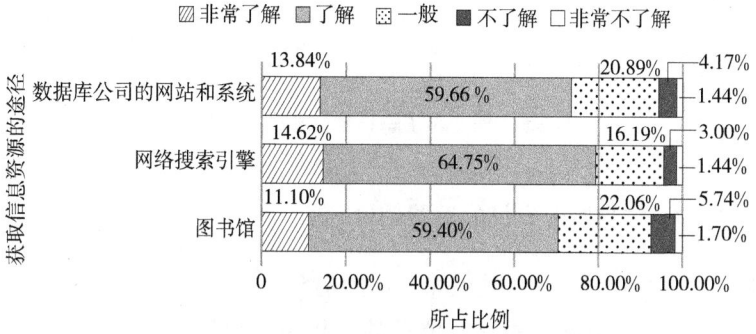

图3.4 消费者对获取信息资源途径的认知情况

在了解科技信息资源的途径方面,消费者主要通过领导或者老师的推荐,其次是服务机构的介绍,再次为通过朋友、同学和同事的介绍,通过单位培训的也较少,这也说明多数单位不重视对自身拥有信息资源的使用培训,同时,也需要加强服务机构的宣传推广力度。消费者了解科技信息资源的途径采用五分制李克特量表进行统计,统计结果如图3.5所示。

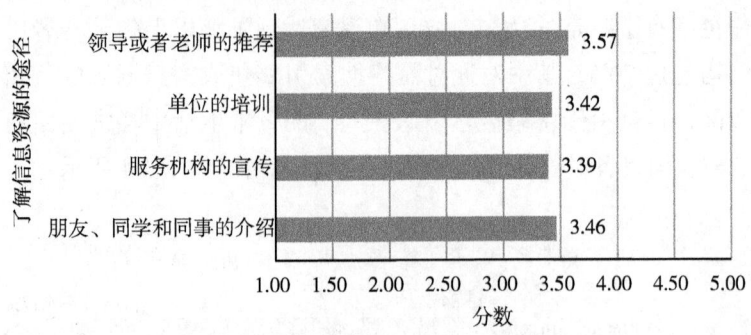

图 3.5 消费者了解科技信息资源的途径

3.2.2.3 信息资源产品的消费动机

（1）消费者对科技信息资源的消费动机

消费者消费科技信息资源的动机主要出于学习的需要，其次是论文写作的需要，再次是科研工作的需要，最少的是企业竞争的需要。对于主要消费群体来说，企业员工消费科技信息资源的主要动机是学习和论文写作的需要；科研院所研究人员和高校教师的主要动机是论文写作、科研工作及学习的需要；而高校学生的主要动机是论文写作与学习的需要。论文写作、学习及科研工作是多数科技信息消费的主要动力，企业竞争的需求相对较弱。消费者与主要消费群体消费科技信息资源的动机采用五分制李克特量表进行统计，统计结果如图 3.6 和图 3.7 所示。

第 3 章 透析 STM 信息资源行业消费行为

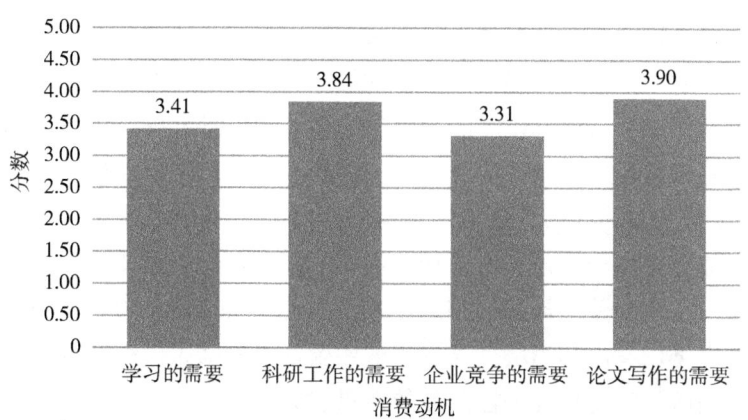

图 3.6 消费者消费科技信息资源的动机

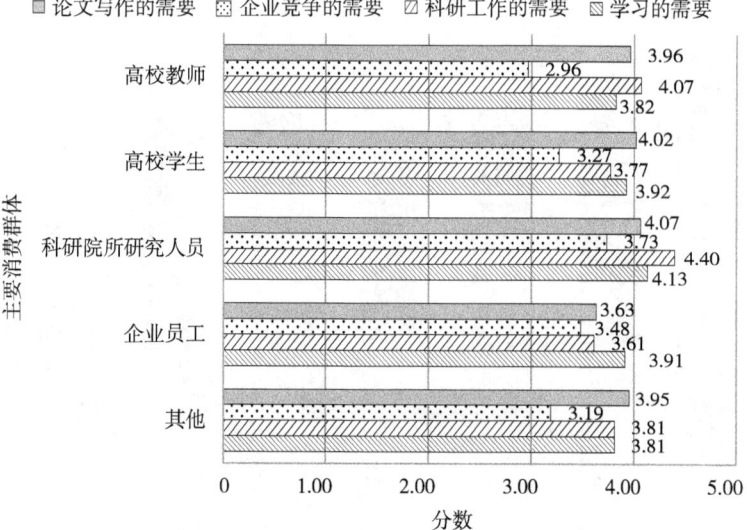

图 3.7 主要消费群体消费科技信息资源的动机

（2）消费者对医学信息资源的消费动机

消费者消费医学信息资源的动机主要来自于学习的需要，

其次是论文写作的需要，再次是科研工作的需要，临床诊疗、寻医问药及企业竞争的需要较少。对于主要的消费群体来说，护士、医技人员及医学院校师生消费医药信息资源的主要动机是论文写作、科研工作和学习的需要；医生的主要动机是临床诊疗、论文写作、科研工作和学习的需要；医学科研院所研究人员的主要动机是科研工作、学习和论文写作的需要；医药企业员工主要关注药品的临床疗效，需要相关的信息资源，调查中也可以看出其消费信息资源的主要动机是临床诊疗的需要，从临床诊疗的角度关注药品的效果和方向。消费者及主要消费群体消费医学信息资源的动机采用五分制李克特量表进行统计，统计结果如图 3.8 和图 3.9 所示。

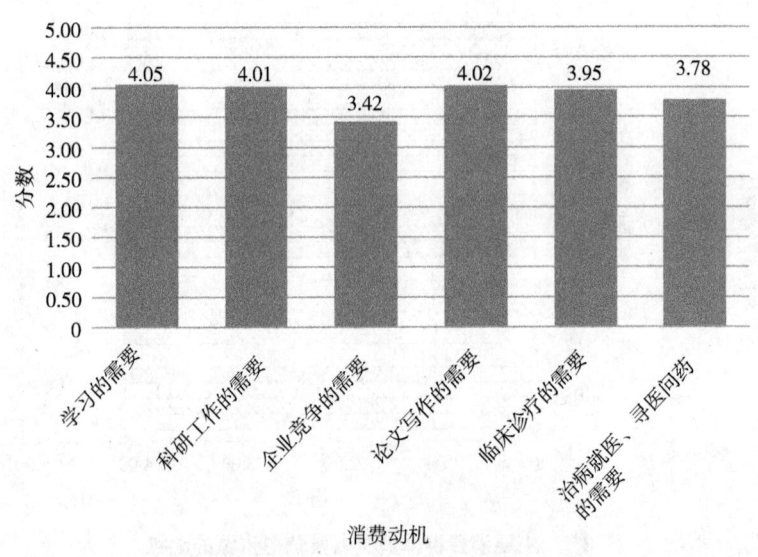

图 3.8　消费者消费医学信息资源的动机

第3章 透析 STM 信息资源行业消费行为

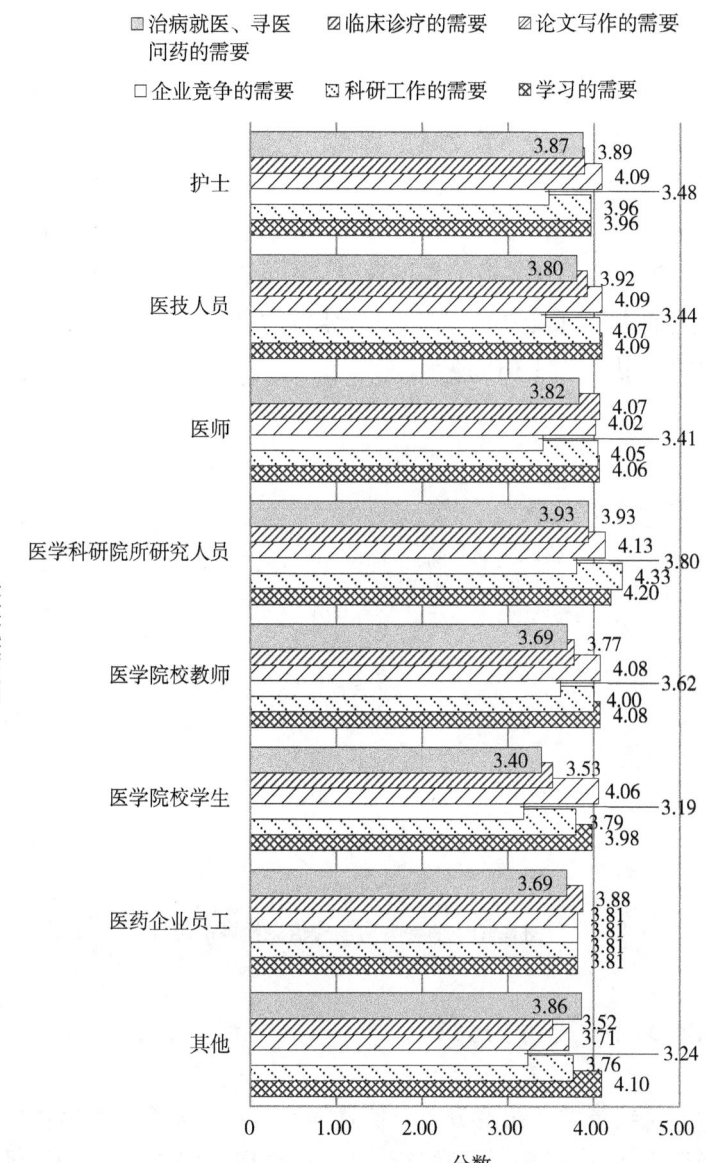

图 3.9 主要消费群体消费医学信息资源的动机

3.2.2.4 信息资源产品的消费态度

通过研究显示,消费者对消费信息资源的态度是非常支持的,其中29%的消费者认为在工作、学习和生活中消费信息资源是非常有必要的;63%的消费者认为有必要;6%的消费者认为可有可无;1%的消费者认为没必要;只有1%的消费者认为非常没必要。这表明信息资源已经是大部分消费者工作、学习和生活中不可或缺的一部分,大部分消费者已经认可了信息资源的作用,如图3.10所示。

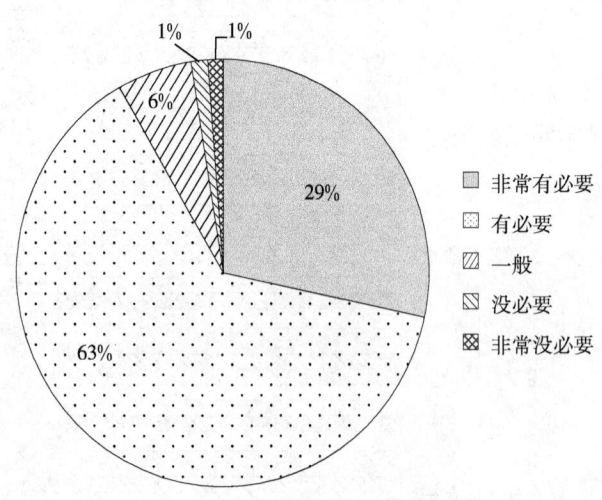

图 3.10 消费者对消费信息资源的态度

3.2.3 消费行为分析

从经济学的角度分析,信息消费行为主要有偏好行为、选择行为及共享行为,偏好行为是指消费者根据所在机构提供消费的信息产品进行的选择和排序;选择行为是在收入与价格所制约的范围之内,根据偏好进行选择;由于信息产品在消费过程中的共享性,使得不为信息产品做出贡献的信息消费者也能获得信息产品,即所谓"搭便车的困境"。

3.2.3.1 信息资源消费者的偏好和选择行为

在信息资源的载体形式上,82%的消费者偏向于电子形式,15%的消费者会选择电子和纸质两种形式,只有3%的消费者偏向于纸质的资源。由于调查对象是网络数据库的用户,可能会对结果产生一定的影响,但一定程度上也能说明电子信息资源已经占有了一定的市场,已被大众所认可,如图3.11所示。

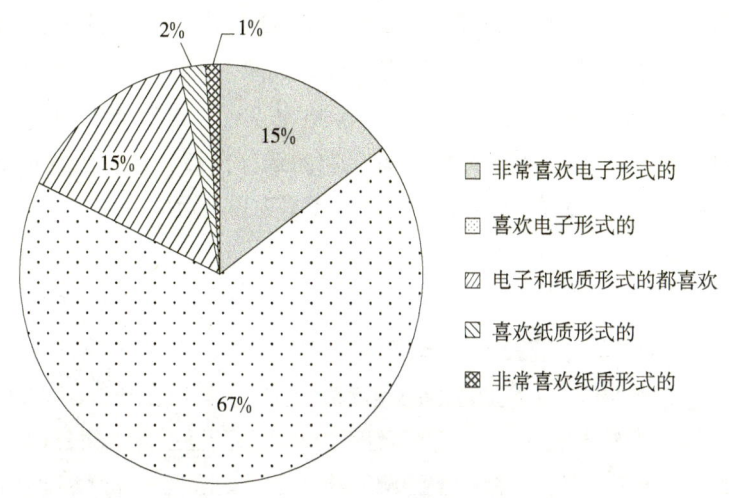

图3.11 消费者对信息资源载体形式的偏好

通过分析消费者对信息资源产品的偏好,可以看出消费者多偏好使用数据库和图书、期刊等出版物,相对而言,对信息咨询服务关注较少,如图3.12所示。

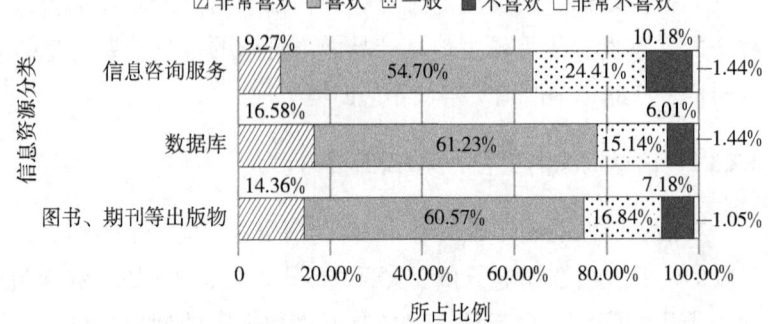

图 3.12 消费者对信息资源产品的偏好

从消费者对于信息资源类型的选择来看，选择最多的是期刊论文，有 86.42% 的消费者会偏向选择消费；其后为图书、医学科技数据、会议论文、科技成果和科技报告，分别为 79.38%、69.19%、62.27%、59.79% 和 56.92%；选择最少的为专利信息，仅有 49.34% 的消费者会偏向选择消费，也表明从基础研究到应用创新的转型尚未开始，如图 3.13 所示。

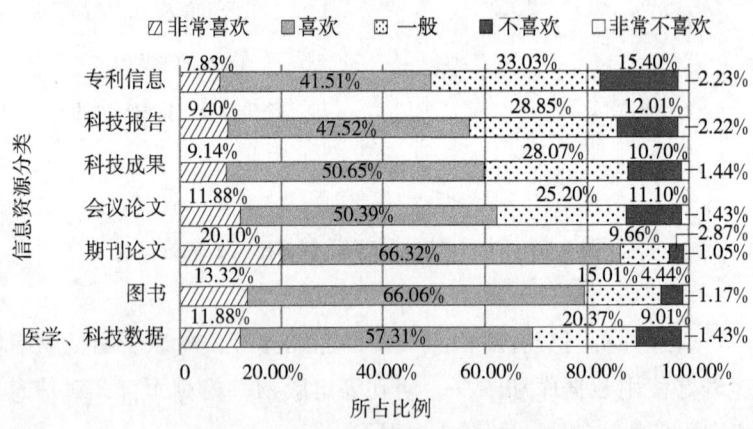

图 3.13 消费者对各类信息资源的偏好

第3章 透析STM信息资源行业消费行为

在获取信息资源渠道方面,消费者多会选择通过网络搜索引擎,其次为数据库公司的网站和系统,较少会选择通过图书馆。消费者对数字化的科技信息资源使用逐渐增加,到传统图书馆获取信息资源的频率日渐降低,多数消费者会选择快捷方便的网络搜索引擎,以及数据库公司的网站和系统,或者使用图书馆提供的网络数据库,如图3.14所示。

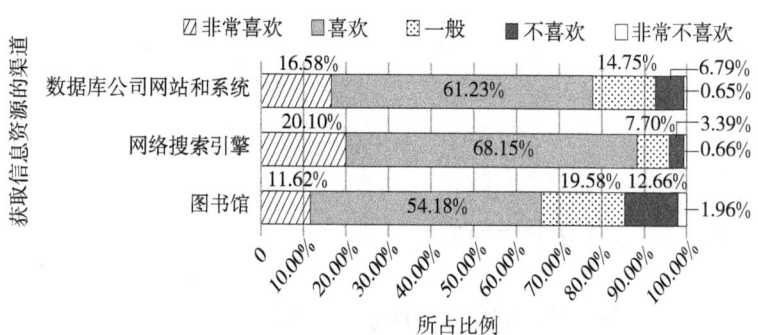

图3.14 消费者对获取信息资源渠道的偏好

3.2.3.2 信息资源行业消费者的共享行为

研究还显示,77.02%的消费者会经常使用别人共享的科技信息资源,而只有69.59%的消费者表示经常把自己拥有的科技信息资源共享给别人,如图3.15所示。

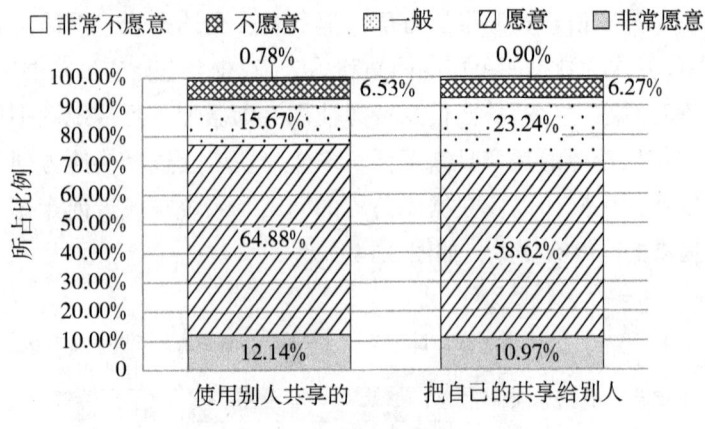

图 3.15 消费者的共享行为

3.2.4 消费结构分析

3.2.4.1 消费者消费信息资源的资金来源

对消费者消费信息资源的资金来源分析显示（图 3.16），5%的消费者资金几乎全部由单位支付；16%的消费者资金主要由单位支付；18%的消费者资金一半由单位提供，一半由自己支付；49%的消费者资金主要由自己支付；只有12%的消费者资金几乎都由自己支付。由此可见，个人支付信息资源消费也占到了一定的比例，一方面说明消费者的消费需求有所增加，另一方面也说明单位提供的信息资源已经满足不了消费者的需求。

第3章 透析STM信息资源行业消费行为

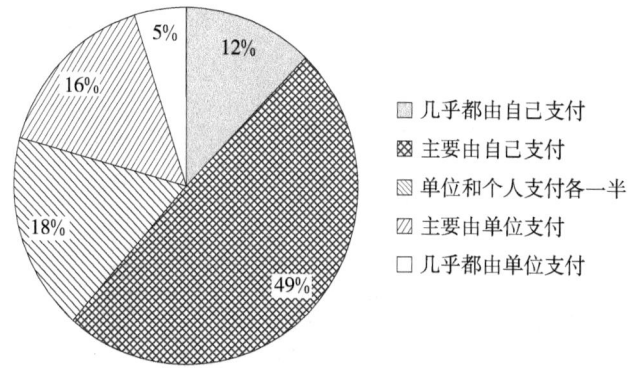

图3.16 消费者消费信息资源的资金来源

3.2.4.2 消费者消费的主要信息资源

剖析科技信息资源行业消费者的消费结构,针对不同性别、年龄段、学历和职业的样本特征,对信息资源产品和信息资源类型的消费情况进行分析,统计对象为选择"十分常用"和"经常使用"的消费者。

(1)不同信息资源产品的消费情况

1)不同性别消费者对信息资源产品的消费情况

调查显示,信息产品的消费随着性别、年龄、学历和职业的不同而有所区别。从性别方面看,男性和女性的消费结构类似,消费较多的是图书、期刊等出版物,其次为数据库,消费较少的为信息咨询服务。不同性别消费者对信息资源产品的消费情况如图3.17所示。

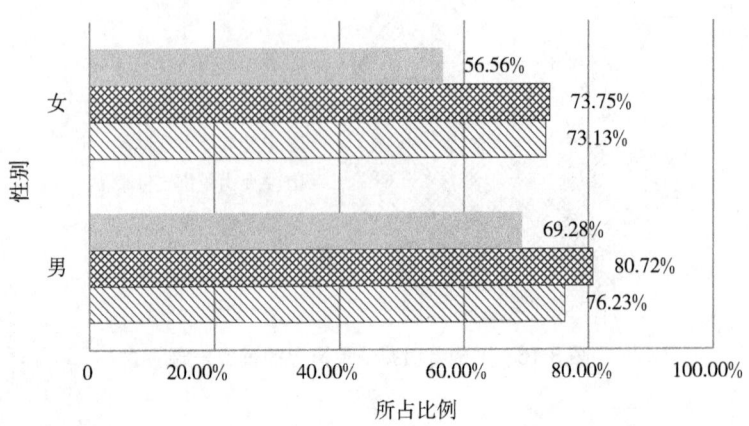

图 3.17 不同性别消费者对信息资源产品的消费情况

2）不同年龄消费者对信息资源产品的消费情况

从消费者年龄上看，20 岁及以下的消费者消费较多的信息资源产品为图书、期刊等出版物和数据库，消费较少的为信息咨询服务；21～40 岁的消费者消费较多的信息资源产品为数据库，其次为图书、期刊等出版物，消费较少的为信息咨询服务；41～60 岁的消费者消费较多的信息资源产品为图书、期刊等出版物，其次为数据库，消费较少的为信息咨询服务；61 岁以上的消费者参与调查人数较少，调查结果显示 3 类信息资源产品的消费情况差距不明显。调查中 20 岁及以下和 61 岁以上的人群只占到 2.35%，导致数据出现极端的现象，但这两个群体都对科技信息咨询服务需求较高，可以进一步调研咨询需求内容，开发相应产品。从总体上看，41～60 岁的消费者对 3 类信息资源产品的消费量要比 21～40 岁的消费者高，说明 41～60 岁是消费者真正进入研究状态的阶段，信息资源的消费也随之增

第3章 透析STM信息资源行业消费行为

加。不同年龄消费者对信息资源产品的消费情况如图3.18所示。

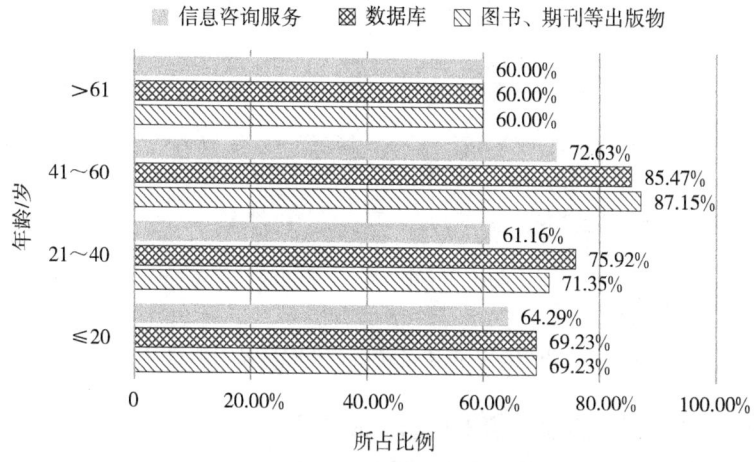

图3.18 不同年龄消费者消费信息产品的情况

3）不同学历消费者对信息资源产品的消费情况

从消费者的学历上看，大专及以下的消费者对信息咨询服务消费较多，对图书、期刊等出版物和数据库消费相对较少；本科学历的消费者消费较多的是图书、期刊等出版物，其次为数据库，消费相对较少的是信息咨询服务；硕士学历的消费者消费较多的为数据库，其次为图书、期刊等出版物，消费相对较少的为信息咨询服务；博士学历的消费者消费较多的为数据库，科技信息咨询服务和图书、期刊等出版物消费较少。由此看出，各个学历群体对信息咨询服务需求都较少，也说明信息咨询服务尚不够成熟。不同学历消费者对信息资源产品的消费情况如图3.19所示。

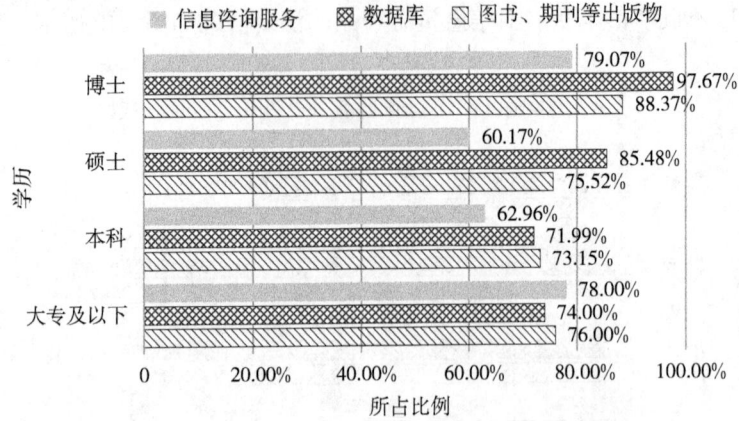

图 3.19 不同学历消费者对信息资源产品的消费情况

4）不同职业消费者对信息资源产品的消费情况

从不同职业消费者对科技信息资源产品的消费情况上看，高校教师、企业员工和科研院所研究人员消费较多的是图书、期刊等出版物，其次为数据库和信息咨询服务；高校学生消费较多的是数据库和图书、期刊等出版物，其次为信息咨询服务，如图 3.20 所示。

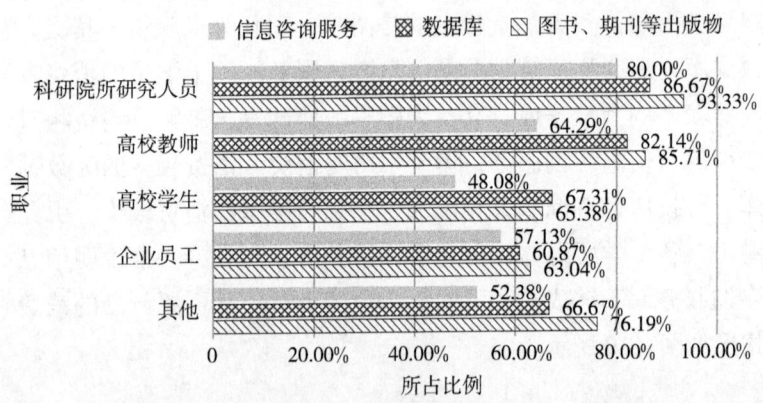

图 3.20 不同职业用户对科技信息资源产品的消费情况

第3章 透析STM信息资源行业消费行为

从不同职业消费者对医学信息资源产品的消费情况上看，医师、医技人员、医学科研院所研究人员、医学院校教师、医学院校学生和医药企业员工消费较多的是医学数据库，其次为图书、期刊等出版物，消费较少的是信息资源服务；护士消费较多的是图书、期刊等出版物，其次为医学数据库和信息咨询服务，如图3.21所示。

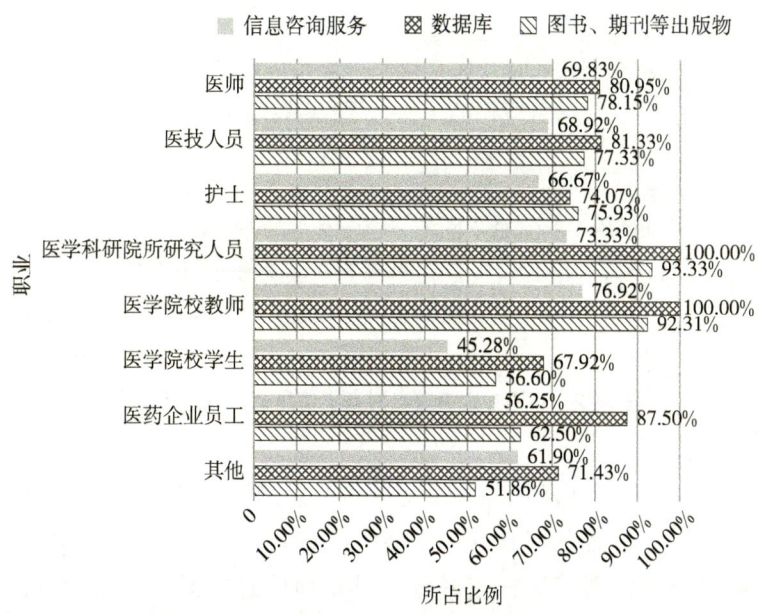

图3.21 不同职业消费者对医学信息资源产品的消费情况

（2）不同信息资源类型的消费情况

1）不同性别消费者对信息资源类型的消费情况

通过对不同性别的消费者进行调研发现，男性和女性消费者消费各类信息资源的情况相似，消费较多的是期刊论文、科技图书及科学数据，消费较少的为会议论文、科技报告、科技成果和专利信息。不同性别消费者对各类信息资源的消费情况如图 3.22 所示。

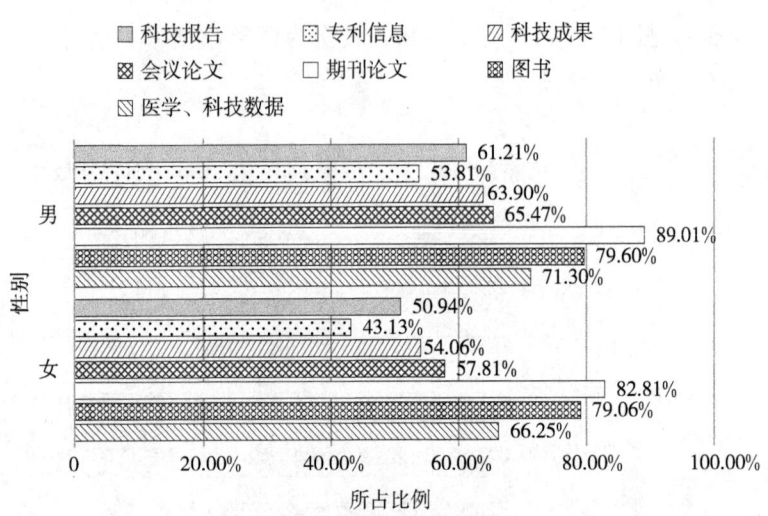

图 3.22 不同性别消费者对各类信息资源的消费情况

2）不同年龄消费者对信息资源类型的消费情况

从消费者的年龄上看，20 岁及以下的消费者对各类信息资源的消费情况比较一致，对专利信息的消费相对较少；21～40 岁的消费者消费较多的是期刊论文、图书和医学、科技数据，消费较少的是会议论文、科技成果、专利信息和科技报告；41～60 岁的消费者消费较多的是期刊论文、图书及医学、科技数据，消费较少的是科技成果、会议论文、专利信息及科技报告。不同年龄消费者对各类信息资源的消费情况如图 3.23 所示。

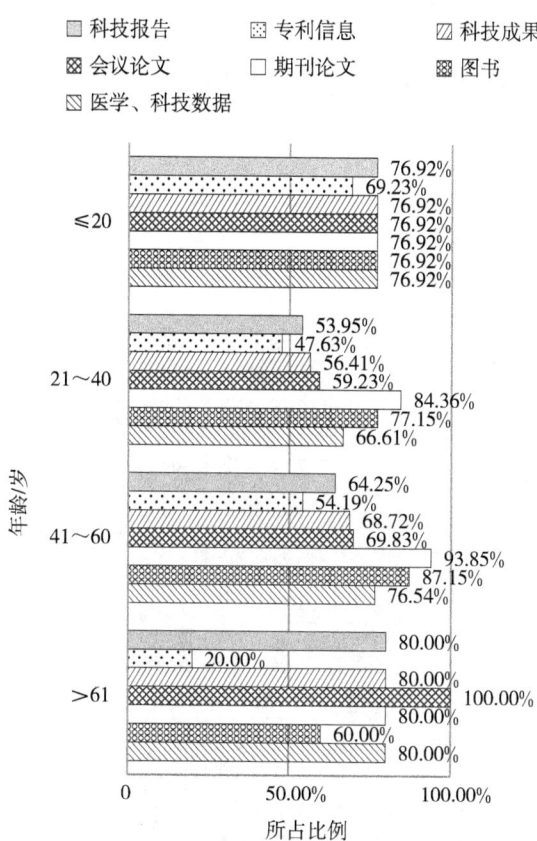

图 3.23 不同年龄消费者对各类信息资源的消费情况

3）不同学历消费者对信息资源类型的消费情况

从不同学历消费者对各类信息资源的消费情况上看，大专及以下学历的消费者消费图书、期刊论文、医学科技数据和科技成果较多，其他类型的信息资源消费较少；本科学历的消费者消费最多的是期刊论文、图书和医学科技数据，其他类型的信息资源消费相对较少；硕士学历的消费者消费较多的是期刊论文，其次是图书，其他类型的科技信息资源消费相对较少；

博士学历的消费者消费较多的是期刊论文和图书,其他类型的信息资源消费相对较少。不同学历消费者对各类信息资源的消费情况如图 3.24 所示。

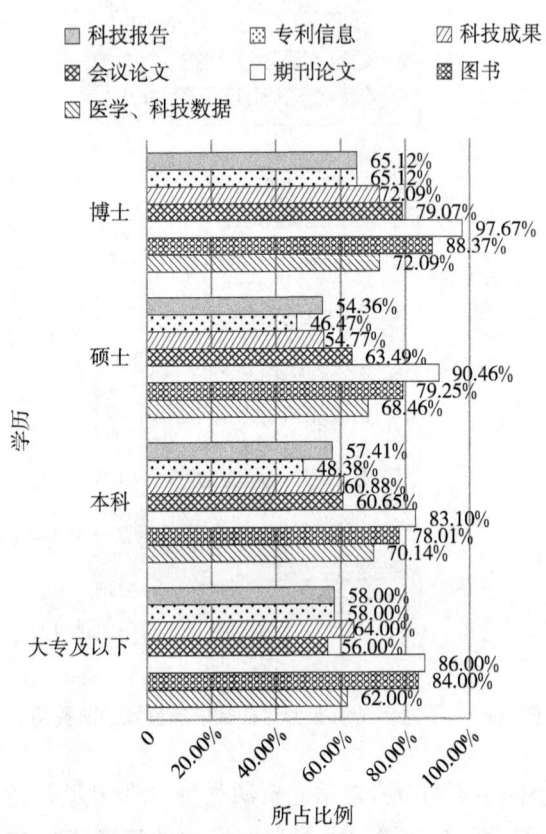

图 3.24 不同学历消费者对各类信息资源的消费情况

4)不同职业消费者对信息资源类型的消费情况

从不同职业消费者对各类科技信息资源的消费情况上看,高校教师和高校学生消费较多的是期刊论文,其他类型的信息资源的消费都相对较少;科研院所研究人员在科技报告和专利信息方面消费较少，其他类型的科技信息资源消费都比较多；企业员工在期刊论文和图书方面的消费较多，其他类型的消费都相对较少。不同职业消费者对各类科技信息资源的消费情况如图 3.25 所示。

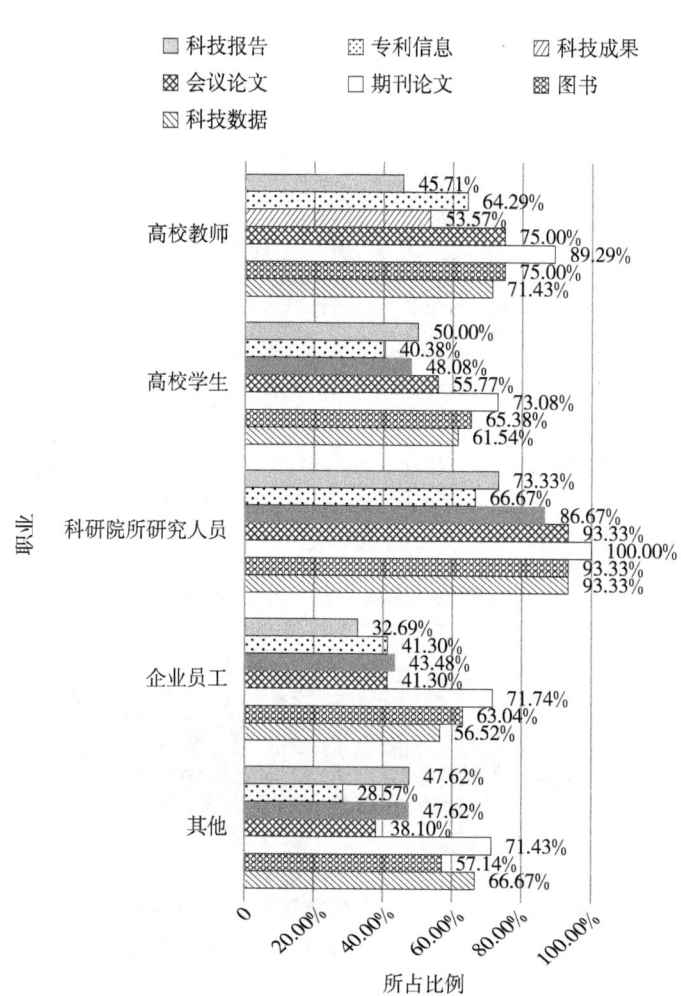

图 3.25 不同职业消费者对各类科技信息资源的消费情况

从不同职业消费者对各类医学信息资源的消费情况上看，各职业消费医学信息资源的结构基本相似，期刊论文和图书的消费都相对较多，其他类型信息的消费相对较少，如图3.26所示。

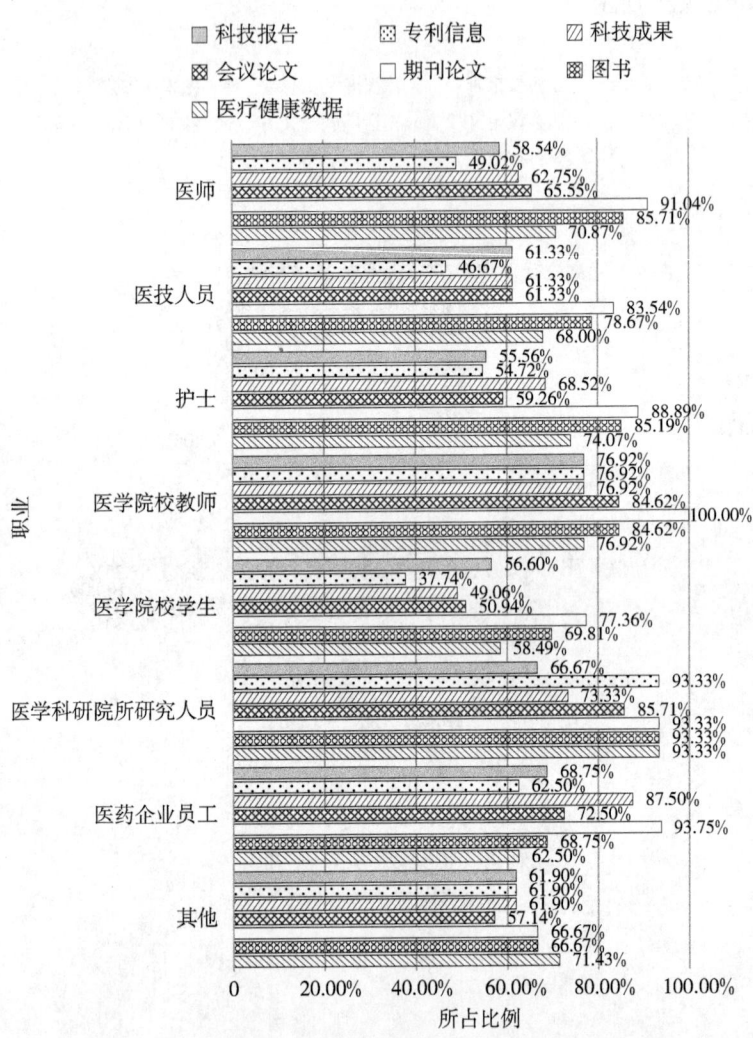

图3.26 不同职业消费者对各类医学信息资源的消费情况

3.2.5 消费影响因素分析

Icek Ajzen 提出的计划行为理论（TPB），认为所有可能影响行为的因素都是经由行为意向来间接影响行为的表现，而行为意向受到 3 项相关因素的影响：①个体行为态度，是指个体对自己行为可能出现的结果的一种正面或负面的感觉和看法；②主观规范，是指个人对于是否采取某项特定行为的主观认知，对他人采取某种特定标准化行为的主观性感知；③知觉行为控制，是个人预期采取某一特定行为时自己所感受到的可以控制的程度。根据 TPB 理论，笔者设计了 15 个影响消费者消费信息资源的因素，如表 3.2 所示。

表 3.2　信息资源消费的影响因素

主因素	序号	细分影响因素
个体行为态度	1	是否听过某类产品的宣传介绍
	2	是否参加过单位的某类产品的使用培训
	3	对预期结果的期望
	4	之前的信息资源使用经历
	5	相关的政策导向（如补助、报销等政策）
主观规范	6	同行普遍的消费倾向
	7	领导或者学术带头人的消费倾向
	8	合作者的消费倾向
	9	竞争者的消费倾向
知觉行为控制	10	产品和服务的价格

续表

主因素	序号	细分影响因素
知觉行为控制	11	产品和服务的质量
	12	产品和服务的可获得性
	13	消费支付能力
	14	能否娴熟地使用科技信息资源产品和服务
	15	能否阅读和理解科技信息资源中的内容

根据调查问卷的结果，统计各因素的得分，并计算平均值和标准差，结果如表3.3所示。

表3.3 各影响因素的得分情况

主因素	均值	细分影响因素	均值	标准差
个体行为态度	3.64	是否听过某类产品的宣传介绍	3.48	0.83
		是否参加过单位的某类产品的使用培训	3.49	0.86
		对预期结果的期望	3.67	0.80
		之前的信息资源的使用经历	3.83	0.74
		相关的政策导向（如补助、报销等政策）	3.73	0.80
主观规范	3.64	同行普遍的消费倾向	3.69	0.80
		领导或者学术带头人的消费倾向	3.69	0.80
		合作者的消费倾向	3.63	0.80
		竞争者的消费倾向	3.55	0.83
知觉行为控制	3.89	产品和服务的价格	3.83	0.75

续表

主因素	均值	细分影响因素	均值	标准差
知觉行为控制	3.89	产品和服务的质量	4.00	0.69
		产品和服务的可获得性	3.98	0.68
		消费支付能力	3.86	0.75
		能否娴熟地使用科技信息资源产品和服务	3.80	0.77
		能否阅读和理解科技信息资源中的内容	3.85	0.76

根据各影响因素的得分来看，3个相关因素都有一定的影响力，其中知觉行为的影响力最大，其次为个体行为态度和主观规范；从细分因素上看，15个因素都对科技信息资源的消费产生了一定的影响，影响力均值都在一般以上。其中消费者普遍认为产品和服务的质量、可获得性对消费选择的影响力最大。其次是产品和服务的价格、相关政策导向，其余因素的影响力相对较小。这说明提高信息资源利用率的重要途径是提高信息资源产品的质量和可获得性。

3.3 小结

（1）样本群体特征

通过此次调查发现，STM信息资源的消费者中男性的比例高于女性，高学历的青年消费者是消费的主力军。

（2）消费意识和动机

消费者对STM信息资源已经有了一定的认知，但是仍有一部分的消费者认知程度较低。消费者对STM数据库和图书、期刊出版物的认知普遍较高，对信息咨询服务的认知相对较低；消费者对期刊论文、图书、会议论文和学位论文的认知相对较高，对科技报告、专利信息、科学数据的认知相对较低；对于获取STM信息资源的途径，消费者对通过网络搜索引擎和数据库公司网站系统的认知相对较高，对图书馆的认知相对较低。大多数消费者认为在工作、生活和学习中消费信息资源是有必要的，STM信息资源已经成为他们工作、生活和学习中不可或缺的一部分。

（3）消费行为

多数消费者喜欢使用电子信息资源，虽然本次的调研途径是网络问卷调查，对调查结果有一定影响，但仍能说明，电子信息资源发展迅速，占据了一定的市场，并有极大的发展空间。在医学信息资源产品方面，消费者多数倾向于使用STM数据库；在各类信息资源方面，消费者偏向于使用期刊论文和图书，而专利信息、科技报告和科技成果的关注度则相对较低；在获取信息资源的渠道方面，网络搜索引擎最受欢迎，其次是数据库公司的网站和系统，通过图书馆来获取资源的相对较少。

（4）消费结构

在信息资源产品方面，STM数据库消费较多，其次是图书、期刊等出版物，信息咨询服务相对较少；在各类信息资源方面，期刊论文和图书消费较多，专利信息、科技报告和科技成果消费相对较少。

（5）消费影响因素

从相关因素来看，直觉行为控制影响力较高；从细分因素来看，产品和服务质量的影响力较高，其次为产品和服务的价格，消费支付能力及能否阅读、理解和使用STM信息资源中的内容；其他的影响因素有一定的影响力，但是相对较弱。

第4章
对比中美 STM 信息资源行业发展状况

20 世纪 20 年代,美国成为世界科学活动中心,之后一直在科学技术水平及科技活动的各个方面引领着全球科学技术的发展。STM 信息资源行业以科学研究、科技创新活动作为信息的主要来源和主要服务对象,其发展水平直接体现了一个国家的科学研究、科技创新发展水平。为此本章专门以美国为参照对象,对中美信息资源行业发展进行对比,以期为我国相关行业的发展管理和政策制定提供参考。

本章将从影响 STM 信息资源行业发展的重要因素逐项进行对比分析。此前,国内外学者对信息资源产业发展的影响因素开展了较为广泛地研究,学者们认为经济因素、政策因素、社会需求、经济发展水平、人力资源、基础设施、技术创新等是比较关键的影响因素[30-33];在科技信息资源方面的研究中有学者发现,除了上述因素之外科技教育水平也是影响 STM 信息资源行业发展的关键因素[34]。综合相关研究,将按照如下框架对中美 STM 信息资源行业进行对比,如图 4.1 所示。

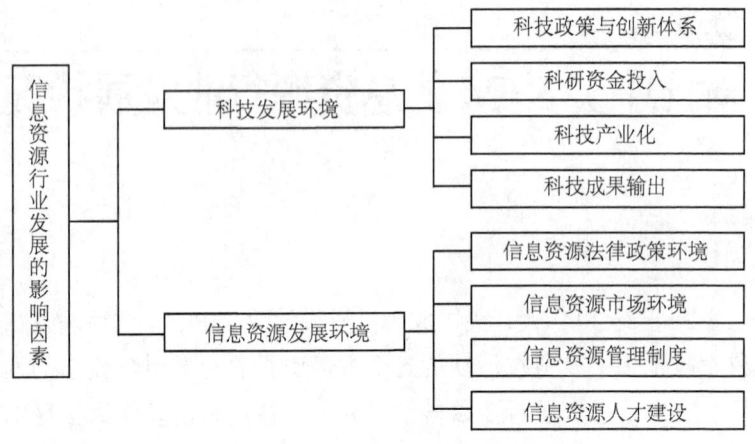

图 4.1 中美 STM 信息资源行业对比框架

4.1 美国 STM 信息资源行业现状分析

4.1.1 美国 STM 信息资源行业结构

美国科技信息资源的配置包括政府配置与市场配置两种方式[35],政府调控协同商业化运作,共同推动 STM 信息资源行业的发展。前者主要包括公立图书馆、政府投入的研究及信息机构等,主要产品和服务内容为由政府科技信息机构产生和管理的科学数据、科技报告和文献信息资源;后者主要包括 STM 出版商、STM 信息服务商,提供科技图书、STM 期刊、数据库、软件等产品和科技信息决策咨询服务等。美国 STM 信息资源行业结构如图 4.2 所示。

第 4 章 对比中美 STM 信息资源行业发展状况

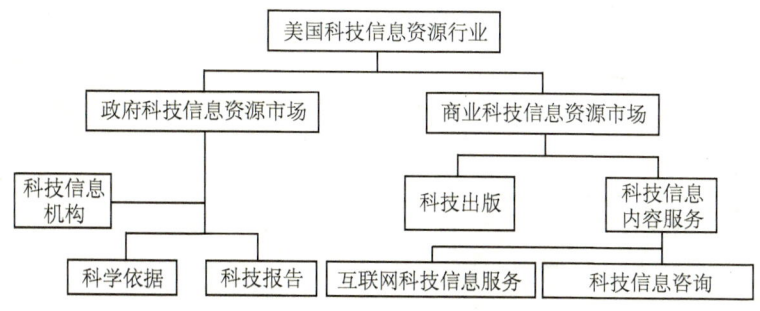

图 4.2　美国 STM 信息资源行业结构

4.1.1.1　政府科技资源管理共享

（1）科学数据的管理共享

美国是世界上科学数据拥有量最多的国家，特别是在地球科学和生命科学领域，其数据拥有量占据世界总量的 80% 以上[36]。美国也是世界上最早对科学数据资源管理的国家，其科学数据管理的总体思路是：实行科学数据完全开放（Full and Open）政策，由国家统筹规划科学数据的管理，充分发挥各个部门的作用。

在全部政府信息和数据方面，克林顿政府发布的数据共享政策中指出，除危及国家安全、影响政府政务和涉及个人隐私的数据和信息以外的国有（公共领域）数据和信息，全部实施"完全与开放"的共享国策。美国科学数据管理共享流程如图 4.3 所示。

在美国国立科研管理机构层面，各个机构均明确要求受其资助项目的科学数据需无限制开放。如国立卫生研究院（National Institute of Health，NIH）2003 年制定了数据共享政策，要求 2003 年 10 月 1 日后由其资助的经费超过 50 万美元的科研项目，必须提交一份数据共享计划（Data Sharing Plan），

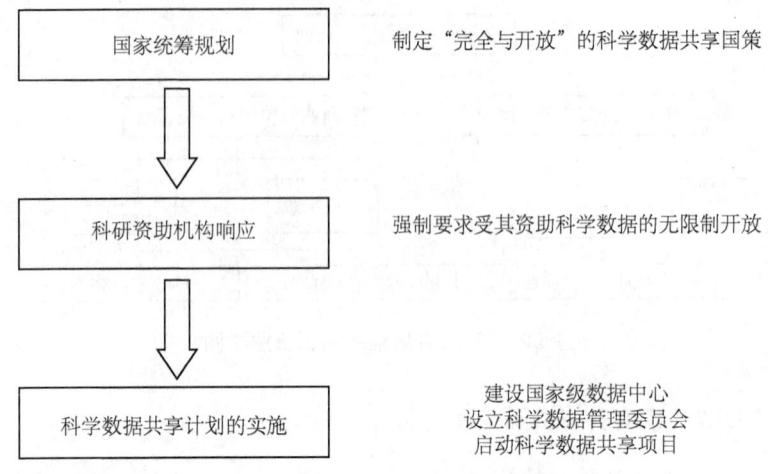

图 4.3 美国科学数据管理共享流程

以加强科学数据的交汇管理；国家科学基金会（National Science Foundation，NSF）于 2010 年 1 月发布的项目管理指南（NSF Award and Administration Guide）中也规定，从 2011 年 1 月 18 日开始所有提交至 NSF 的项目申请书必须包含一份数据管理计划（Data Management Plan）附件，数据管理计划应详细地描述申请者的数据获取与共享政策，如隐私保护、机密、安全、知识产权及其他权利要求等[37]。

在科学数据汇交与共享使用方面，美国政府建立了一系列国家级数据管理共享中心。1990 年美国国会正式批准全球变化研究计划（U.S. Global Change Research Program，GCRP），由美国国家航空航天局启动"分布式、最活跃数据档案中心群"项目（Distributed Active Archive Centers，DAAC），建设一批国家级数据中心；1994 年美国政府启动国家空间数据基础设施（National Spatial Data Infrastructure，NSDI），设立联邦地理数据委员会（Federal Geographic Data Committee，FGDC）协调全国各部门的数据进入国家地理空间数据交换中心，系统地整合多个国家级数据中心的数据资源；1995年美国联邦政府正式启动国家级数据信息共享网络项目。美国还对基础学科的归档保存、数据分发、数据产品开发等工作进行了大力支持。如，建立基因组数据库、蛋白质数据库和虚拟人体数据库（Visible Human Project，VHP）等珍贵的科学数据资源[38]。

（2）科学报告的管理共享

美国政府科技报告工作是从1945年美国总统的第9568号令开始有组织进行的，目前已形成四大主要系统，包括能源部系统的DE报告、国家航空航天局的NASA报告、国防部和三军系统的AD报告和其他政府部门形成的PB报告，并且形成了相对完备的法规制度体系、组织机构体系和工作机制[39]。美国国家技术信息服务局（National Technical Information Service，NTIS）是美国政府制定的公开科技报告的法定集中收藏单位，负责PB报告及公开发行的DE、NASA和AD报告的集中收藏和服务。

美国各部门都制定针对本部门科技报告工作的规章制度，以明确科技报告的提交范围、方法、程序等具体要求，确保科技报告的安全管理和利用。如国防部的《美国联邦采办条例国防部补充条例》和《国防部科技信息计划实施原则和工作纲要》、能源部的《科技信息管理导则》和《科技信息管理细则》、航空航天局的《科技信息管理规定》和《撰写、提交和分发科技信息的要求》等文件都详细规定了本部门科技报告的提交范围、程序、方法、发行范围、安全管理及相关人员和部门的职责等。

4.1.1.2 科技出版行业发展现状

美国科技出版行业内存在许多世界领先的大型科技出版集团，如 Thomson Reuters、John Wiley & Sons、McGraw-Hill 和 Springer Science+Business 等。美国主要出版机构、专业图书和期刊出版情况营业规模和世界排名如表 4.1 和表 4.2 所示。

表 4.1 2010 年美国专业图书出版集团出版情况

专业图书出版集团	图书出版总额 / 亿美元	全球图书出版排名
Springer Science+Business	3.858	3
Thomson Reuters	3.443	4
John Wiley & Sons	2.930	5
McGraw-Hill	2.326	7

表 4.2 2010 年美国专业期刊出版集团出版情况

专业期刊出版集团	期刊总数	期刊出版总额 / 亿美元	全球期刊出版排名
John Wiley & Sons	1600	6.924	2
Springer Science+Business	2000	5.281	4
IEEE	70	1.346	7
American Chemical Society	65	1.213	8

4.1.1.3 科技信息服务业发展现状

(1) STM 数据库与互联网 STM 信息服务

美国数据库的发展起步最早,从 20 世纪 60 年代开始,为了适应科技信息与相应信息需求的迅猛增长,政府信息部门开始组织数据库的建设和利用。20 世纪 80 年代以后美国数据库逐渐向商业化发展,数据库生产者中商业公司所占比例迅速增加。至 1995 年,美国数据库数量已占全世界数据库总量的 69%,之后数据库产量保持持续增长[40]。美国互联网科技信息服务企业在全球占据领先地位,2010—2011 年全球专业出版报告显示,Thomson Reuters 集团互联网专业信息服务产值达 41.510 亿美元,居全球科技信息服务企业之首,如表 4.3 所示。

表 4.3　2010 年美国互联网专业信息服务企业发展情况

企业	产品和服务	产值(亿美元)	全球排名
Thomson Reuters	Westlaw、Micromedex 等	41.510	1
HIS	Data Sales	1.796	5
Hearst Corp	Zynx、First DataBank	1.110	6
Epocrates	Epocrates	1.040	7
WebMD	Medscape	0.508	8

(2) 科技信息咨询服务

美国科技信息咨询业内的机构包括根据需要利用科技信息资源回答问题,从而获得一定利润的信息经纪机构[41],以及在技术创新的过程中,以知识、技术、经验、资金和信息等为创新主体和客体提供服务的科技中介机构。科技信息咨询业的产品既包括经过调查得到的原始信息和经过加工处理后得出的再生信息,也包括运用科学知识和技术手段对信息进行深入研究与开发而形成的各种思想、方法、对策、建议、规划和方案等成果[42]。

根据机构性质可将美国科技信息咨询机构划分为政府机构、学/协会机构和民间机构3个层次[43]。政府科技咨询机构如美国科学信息研究所（Information Sciences Institute，ISI），由当代情报学家尤金·加菲尔德（Engene Garfield）于1958年创立[44]，现与英国专利情报机构德温特公司（Derwent）、美国生物学文摘社（BIOSIS）等信息机构合并为汤姆森科技信息集团[45]；学/协会科技咨询机构如美国科学促进会[46]（American Association for the Advancement of Science，AAAS），旨在推进科学家与公众的交流，增强对科技的支持，促进多元化科技队伍的建设；民间科技咨询机构如兰德公司（The RAND Corporation），主要对国家安全和公共福利方面的各种问题进行系统的跨学科的分析研究，是美国最重要的也是当今世界最负盛名的综合性决策咨询机构和战略研究机构。

4.1.2　美国科技发展环境

4.1.2.1　科技政策与创新体系

（1）科技政策规划

自20世纪90年代起，美国科技政策主要由国家科学技术委员会（National Science and Technology Council，NSTC）、科技政策办公室（Office of Science and Technology Policy，OSTP）与总统科技顾问委员会（President's Council of Advisors on Science and Technology，PCAST）进行顶层规划[47]，其余部门或科技机构根据自身使命和发展特点进行政策细化或执行实施。

NSTC 于 1993 年 11 月 23 日成立，由总统担任主席，会员包括副总统、白宫科技政策办公室主任、白宫内阁秘书长，以及地方政府分管科学技术的官员和白宫的其他官员。NSTC 下设环境、自然资源和可持续性委员会，国土和国家安全委员会，科学技术工程和数学（STEM）教育委员会，科学委员会和技术委员会 5 个主要的委员会[48]；OSTP 于 1976 年建立，主要任务为引领私营部门、州和地方政府、科学和高等教育机构，制定并实施健全的科技政策和预算，为总统和其他高级工作人员提供准确、相关、及时的科技建议，确保政策执行机构的政策有科学依据，确保行政机构科技工作执行的协调性[49]；PCAST 于 2009 年成立，成员包括美国顶级科学家和工程师，直接为总统和其他行政部门提供科学建议，负责科技创新占据关键地位的多个领域的政策建议和制定[50]。

政策制定部门根据不同阶段美国科技发展的不同特点面临着不同的挑战，不断扩充完善其科技政策体系，为美国科技的发展搭桥铺路。具体政策呈现出以下几个特点：一是政府主导，在国家层面上制定战略规划，实行强有力的干预；二是以市场为导向，由商品市场与资本市场共同推动科技发展；三是重视"科学—技术—生产"的一体化发展；四是鼓励产业和企业，特别是中小企业的科技创新[51]。

（2）科技创新体系

科技创新是促进科技发展的主要动力。美国创新体系首先开始于企业为自身利益和发展而开展的创新活动，之后大学及独立研发机构和政府机构积极跟进，逐步形成了一个以企业为创新主体，大学和政府积极参与的结构分散而又高效的国家创新系统。在创新系统中，企业以追求经济效益为最终目标，而创新是其保持技术领先，获得最大利润的主要手段。大学与公立科研机构一方面由国家授权,在基础研究与国家重点技术领域开展创新研究与开发活动;另一方面也受企业委托开展更具针对性的与市场相结合的创新活动,有利于创新结果更快地市场化,实现双赢。政府为了提高综合国力,也从政策角度支持创新或投入资金支持需要重点发展的领域[52]。

目前,大型企业是美国科技创新的主要组成部分,小型企业也扮演着越来越重要的角色。一方面企业的发明专利层出不穷,另一方面科技成果转化的周期迅速缩短,日益彰显了企业在科技创新中的主体地位[53]。政府一直致力于营造并维护有利于企业科技创新的市场环境,放松政府对企业的管制,充分发挥市场优胜劣汰的竞争机制,即市场作为资源配置的基础对企业有巨大的自组织功能。美国发达的资本市场体系也为企业科技创新提供了直接融资的场所,从而使企业保持着旺盛的创新能力,以应对全球竞争的挑战[54]。

4.1.2.2 科研资金投入

为了保持美国科学和生物医学研究的世界领先地位,2014年美国财政预算案提出了强大而有针对性的科学研究发展战略投资目标。2014年政府为基础和应用研究投资681亿美元,较2012年增加48亿美元(7.5%)[55]。其中,对国家卫生研究院(National Institutes of Health,NIH)的资助最多,达313亿美元,较2012年增加1.5%。2014年财政预算案继续增加对关键科学机构的基础研究经费支持[56]。美国1995—2014年关键科学机构研究经费支持情况如图4.4所示。

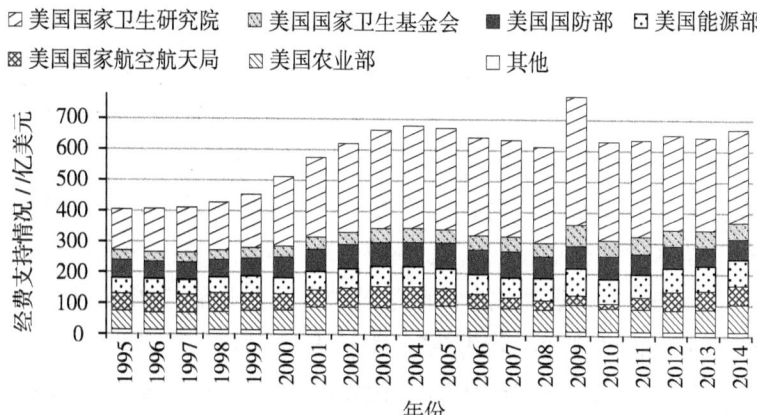

图 4.4 美国 1995—2014 年关键科学机构研究经费支持情况

4.1.2.3 科技产业化

（1）科技产业化机制

政府的重视加上长期的实践，使美国具有一套较完善的技术产业化机制，为技术产业化的发展创造了良好的法律环境和体制保障。首先，政府先后通过了《经济恢复税法》《小企业创新研究法案》《联合研究与发展法》《联邦技术转让法》《美国发明法案》等一系列法律法规，促进联邦技术向民间的转移，发挥利用政府资源推动民间资本的杠杆作用；其次，政府建立相应的产业化促进中心，如成立"高技术特别工作组"，NIH设立国家促进转化科学中心（NCATS）等；再次，政府、企业、科研机构的合作使科研与生产紧密结合，如美国大学联合会、美国公立和赠地大学联盟与来自全国的135位大学校长承诺，将与企业、发明人和相关机构开展更密切的合作，以促使知识产品市场化，Coulter 基金会、NSF 与美国科学发展协会（The American Association for the Advancement of Science，AAAS）启动大学科研成果商业转化奖,以激励大学院校科研成果商业化;最后,美国还建立了配套的产业化激励机制,如1981年通过的《经济振兴税务法》提出了研究与实验税收优惠措施,在一定程度上刺激了企业的研究与实验活动,1993年又提出了"研究与实验税收永久减免化"政策,除税收优惠政策,对高科技产业园区内的企业,政府提供金融援助以充分发挥产业集群的外部经济效应,还建立激励政策鼓励私营企业参与R&D项目、鼓励大企业间的兼并重组和技术联合开发。

总体来说,美国产业化的组织形式多种多样,包括高新技术产业区、科学园、技术城,还有对发展前景良好但缺乏投资的小技术公司进行风险资本投资的"孵化器"。科学园以研究和开发为主,包括产品试生产或研究开发型生产,其目的是科研成果的商品化,如斯坦福科学园。技术城是以高校和高技术企业为主,集研究与开发、教学、生产、管理、社区服务和居住为一体的新型城市,如美国的费城大学城。

(2)资金筹措途径

美国科技创新产业化的资金筹措途径比较多样化,包括政府采购、贷款担保、风险投资和基金支持等几种方式。

自1761年第一部《联邦采购法》的颁布开始,美国政府相继以立法的形式规范政府采购,如1933年颁布的《美国产品购买法》规定,除特殊情况外,联邦各级政府机构必须优先购买国产品。目前美国已建立了较完善的政府采购体系,以美国联邦政府总务管理局(General Service Administration,GSA)作为负责政府采购的专门机构,以《联邦政府采办法案》和《联邦政府采购条例》为政府采购法规体系的核心。20世纪90年代初,美国高新技术的快速发展很大程度上得益于政府采购对高新技术产业的支持,以及对新产品市场的培育。例如,克林顿政府的全面经济计划,为扶持创新产品的初期市场,仅计算机及其相关产品的政府采购就达90亿美元。

贷款担保是美国政府为实现政府目标而普遍采用的金融手段,通过政府信用和风险共担调动私营资本投资科技创新的积极性,促进科技成果转化。以能源部贷款担保项目为例,2009年能源部根据《经济复苏与再投资法案》的1705条款建立了1705条款贷款担保项目,为可再生能源、电力传输和先进生物燃料项目提供政府贷款担保。截至2011年9月,能源部根据1705条款提供贷款担保项目32个,担保金额189亿美元。

风险投资是指对没有上市资格的中小企业的长期融资。1958年美国国会通过了《小企业投资法案》,成立小企业投资公司(Small Business Investment Companies,SBIC),并设立"SBIC"计划。"SBIC计划"是指在政府信用担保下,小企业管理局通过受托机构在公开市场上募集私人资金,再交由SBIC提供给符合条件的小企业。2009年1月至2012年3月,SBIC增长资本项目的融资已达到74.8亿美元,为小企业的创新发展提供了帮助。

基金支持主要面向中小型企业。例如,为鼓励面向小企业的贷款,2010年奥巴马政府推出小企业贷款基金(Small Business Lending Fund,SBLF)。2010年政府设立总额300亿美元的贷款基金,用于支持合格的社区银行(Community Bank)和社区发展贷款基金(Community Development Lending Funds,CDLF)向小企业发放贷款。截至2011年底,美国财政部已通过SBLF向281家社区银行和51家社区发展贷款基金提供了48亿美元的贷款,这些机构已在全美48个州和5个地区的3000多个营业点进行运营。

4.1.2.4 科技成果产出

政府对科技发展的高度重视与充足投资使美国科技成果产出丰硕。截至 2014 年 2 月 18 日,《科学引文索引》收录的美国基础研究论文 12 047 485 篇,《工程索引》收录的美国工程科学论文 1 637 896 篇;2013 年美国在 Cell、Nature、Science (CNS) 三大期刊上发表 2372 篇论文,占 2013 年 CNS 论文总数的 56.17%[57],居各国之首,如图 4.5 所示。

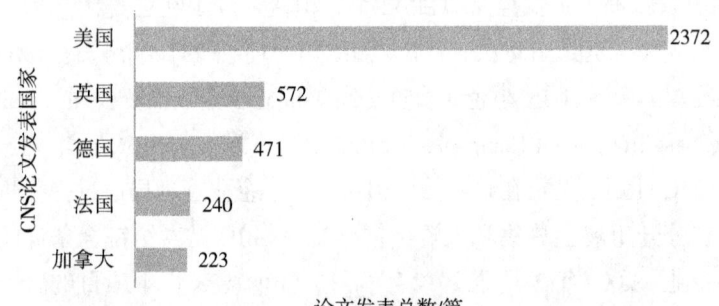

图 4.5　2013 年排名前 5 位的 CNS 论文发表国家

专利方面,美国的国际专利申请、国内外发明专利申请、国内外发明专利授权数量均位于世界前列,增长速度远高于日本、韩国、EPC 成员国等国家,如图 4.6、图 4.7 和表 4.4 所示。截至 2011 年底,美国国内发明专利拥有量达 1 099 943 件,平均每万人拥有发明专利 35.6 件[58]。

第4章 对比中美STM信息资源行业发展状况

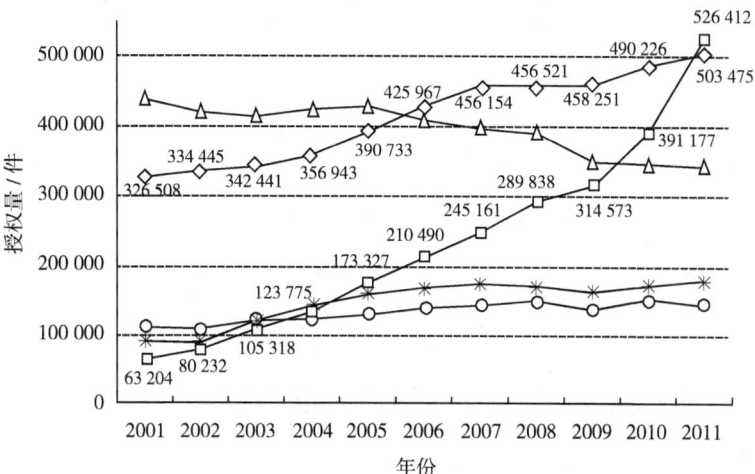

图4.6　2001—2011中、美、日、欧、韩发明专利受理情况

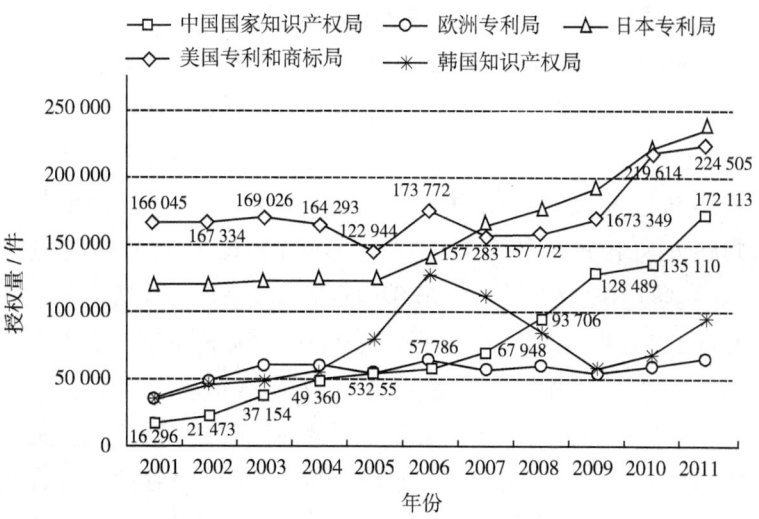

图4.7　2001—2011中、美、日、欧、韩发明专利授权情况

表 4.4　2001—2011 年中、美、日、韩、EPC 成员国国内发明专利拥有量情况

国家	国内发明专利拥有量 / 件	每万人口发明专利拥有量 / 件
日本	1 346 997	105.2
韩国	466 957	96.1
美国	1 099 943	35.6
中国	318 155	2.4
EPC 成员国	2 025 057	—

4.1.3　美国 STM 信息资源发展环境

4.1.3.1　信息资源法律体系

在信息领域，美国政府制定了包括信息公开共享、信息安全、知识产权、图书馆在内的一系列法律法规。

美国信息公开法律的总体要求是"以公开为原则，不公开为例外"，呈现出相互配套、逐步完善的结构特征[59]，一系列信息公开法律及其修正案界定了信息资源公开的原则与范围。1966 年国会通过《信息公开法》，并于 1974 年、1976 年、1986 年和 1996 年进行 4 次修订，形成了美国信息公开和数据资源共享的制度框架[60]。1976 年国会通过《政府阳光法案》，并修订了《版权法》，进一步提倡增进公民对政府信息的了解[61]。

知识产权法律制度的建立和完善受到美国政府的高度重视，与知识产权相关的法案数量多，涉及的范围也十分广泛。美国立国之初的宪法就明确了国家保护知识产权，并在两年后通过了《专利法》和《版权法》。从 1995 年开始陆续出台涉及信息

技术知识产权保护的法案，如20世纪90年代的《国家信息基础设施白皮书》《数字千年版权法》《计算机软件保护法》等。此外，美国也出台了《创造法案》等一系列专利保护制度，鼓励和保护科技创新[62]。

公共图书馆法最早由美国制定，1848年马萨诸塞州议会通过在波士顿市建立公共图书馆的法案，被认作是世界上第一部公共图书馆法。1956年，美国联邦政府出台第一个国家级图书馆法——《图书馆服务法》，表明联邦政府开始通过立法对图书馆提供经费援助，改善各州公共图书馆服务与设施[63]；1996年克林顿政府再次签署《图书馆服务与技术法》。

信息安全法律制度调整的对象涉及范围比较广泛，大致可以分为3个方面：政府的信息安全、商业组织的信息安全、个人隐私信息的安全。2002年《联邦信息安全管理法案》（Federal Information Security Management Act，FISMA）将"信息安全"定义为，保护信息和信息系统以避免未授权的访问、使用、泄漏、破坏、修改或者销毁，以确保信息的完整性、保密性和可用性[64]。

4.1.3.2 信息资源市场需求

科技信息资源产业的形成靠社会需求来推动。个人渴望利用科技信息资源提升其知识储备，对信息需求迫切，但面对浩如烟海的没有经过专业分类的信息资源，缺乏专业的信息检索和利用能力，势必求助于专业化的信息机构；科技企业同样将科技信息作为企业竞争战略的重要构成，利用自身竞争情报系统，或与专业信息咨询机构合作获取科技竞争情报，以支持科学决策获取竞争优势。比尔·盖茨在《建立于思维速度之上的事业》一书中说道："我有一个简单但强烈的信念：使你和你的对手、使你和平庸的大众有所区别的最有力的方式，就是和信息打一场出色的交道。如何搜集、管理和运用信息将决定你的输赢。"

美国科技信息需求主体的分布广泛，如科研机构服务对象从原来的本部门科研人员、决策人员和其他政府机构、大学相关研究与决策人员，进一步拓展为企业研发人员和决策者，以及最为广泛的、有科学兴趣的普通公众。科技信息服务企业的服务对象也从市场中的竞争主体发展至越来越多的政府机构。例如，美国知识产权咨询公司CHI目前拥有的主要企业客户包括DuPont、IBM、Intel、Kimberly-Clark、Kodak、Philips Electronics、SeikoEpson等。

科技信息需求形式由单一的纸本信息向多媒体服务发展，美国信息服务机构则贯彻以用户为中心的服务理念，服务方式多样化。如美国航空航天局（NASA）的科技信息计划（STIP）提供了大量的数字化多媒体科技信息服务，包括NASA的数字化视频产品目录服务、多媒体图库、太空电影影院、NASA/IPAC数据库（NED）、NASA影像电子交换服务（NIX）、NASA图像互联网档案馆等。

科技信息需求内容逐渐深入多样，包括公开出版的、不保密的科技信息内容（含公开的技术报告）、各类科学数据、解密的技术报告，甚至提供受限的、分密级的技术报告或灰色文献。如美国能源部OSTI的"DOE信息桥"（DOE Information Bridge），包含了1991年以来的DOE技术报告文献，有超过20万份的全文技术报告，从1998年4月与美国政府印刷局（GPO）合作，开始面向公众提供服务。

4.1.3.3　信息资源管理制度

美国科技体制最鲜明的特点是多元化，联邦政府没有主管科学技术的内阁部门。科技决策管理机构分散在政府、国会的一些部门和机构里，科研机构则散布在政府部门、大学、企业和非营利性机构里。与此相应，美国联邦政府对科技信息资源的管理与服务也分散在各政府部门中，而不是由某一个机构进行集中式管理和服务[65]。除上文提到的美国图书馆科技信息资源管理体系外，美国科技信息管理机构主要分为两类：第一类是分布于联邦政府各部门或直属机构内的机构；第二类是主要由联邦科技信息机构通过协议组成的联盟。

政府科技信息管理机构以美国国家技术信息服务局(National Technical Information Service，NTIS)为中心。NTIS 隶属于美国商务部，是美国科学、技术、工程及商业信息搜集、处理及传播中心。其工作主要是收集信息并向公众传播，为联邦其他部门提供信息产品及服务[66]。此外，联邦各部门也分布着各级信息资源管理机构，如美国科技与医学信息资源最集中的管理机构能源部科学办公室，专门下设负责科技信息的科技信息办公室（Office of Scientific & Technical Information，OSTI)[67]。OSTI 的基本任务是让科技人员和公众能够高效便捷地找到和利用 1947 年以来已有的科研成果信息和其他科技信息，以推动科技发明和持续的技术创新[68]。

科技信息管理机构间联盟的典型代表是 CENDI 联盟与 Science.gov 联盟。CENDI、Science.gov 不是实体的联邦科技信息机构，不收藏、传播实在的科技信息资源，主要倡导跨机构信息资源与服务整合。CENDI 指联邦政府科技信息机构间协调工作组，是一个由来自 13 个美国联邦政府机构的科学技术信息（STI）高级管理者组成的跨部门工作协调小组。CENDI 的主要目标是协调和领导科技信息重要政策问题的信息交流，通过技术和内容相互关系的有效改善，促进完善科技信息系统的开发，加深有关主体对科技信息和科技信息管理的认识[69]。Science.gov 联盟则成立于 2001 年，最初由来自美国的 10 个主要科技机构的 14 个科技信息组织组成[70]。Science.gov 联盟的主要工作是建设统一的政府科学门户网站 http：//www.science.gov，以统一各自孤立的科学和技术数据，实现政府科学信息统一导航路径的目标，促进科学技术的进步。

4.1.3.4 信息资源人才建设

人才建设是信息资源发展的重要保障。美国政府一方面注重美国居民科技素养与信息素养的提升，另一方面注重信息资源管理和咨询专业人员的培养。

（1）公众科技素养培养

美国通过培养数学家、科学家、工程师、技术人员和公民科学素养教育取得了巨大的经济效益，历届政府都为保持国家的全球领导地位不遗余力地加强科技人才的培养。奥巴马政府 2009 年 9 月发布的《美国创新战略：推动可持续增长和高质量就业》提出加强下一代知识和技能教育；2009 年 11 月奥巴马发表了题为《教育促创新》的演说，宣布在全国范围内启动"教育促创新"行动计划，加强科学、技术、工程和数学教育。为了大幅提高美国学校的科学、技术、工程和数学教育水平，奥巴马政府增加了对 STEM 教育的投入，并在全国发起了"教育促创新"行动计划[71]。

（2）科技人员信息素养培养

信息素养最早由美国信息产业协会主席 Paul Zurkowski 于 1974 年提出。在 1987 年美国一次全国性的高等教育领导者集会中，美国图书馆协会主席 M.Chisholm 任命成立了信息素养主席委员会。委员会1989年发表了《信息素养主席委员会总结报告》，强调信息素养教育的重要性[72]，之后美国注重信息素养教育实践，倡导"基于资源的学习模式"，培养信息工具运用、信息获取、信息处理、信息生成、信息创造、信息发挥、信息协作、信息免疫和信息行为9种信息能力[73]。2000年美国大学与研究型图书馆协会（Association of College and Research Libraries，ACRL）下设的科学技术分委员会（STS）根据科技教育与研究过程的特点建立了《科技信息素养标准》，用以评价高等教育各层次科学和工程技术的学生信息素养教育。

（3）信息专业人才培养

1887年美国图书馆学家杜威创办了哥伦比亚图书馆经营学校（School of Library Economy），美国成为第一个开展图书馆学情报学（Library and Information Science，LIS）正规教育的国家[74]。美国LIS教育蓬勃发展于20世纪40—60年代，在经历了70—80年代"关门风"和"改名潮"的生存挑战之后，美国学界致力于LIS教育的改革。例如，1994年美国图书馆学会（ALA）在其"2000年目标"中提到："美国图书馆学会将重新规范图书情报教育，并对从业人员提供5年的培训，以更新他们的职业技能，适应新的信息时代的要求。"2003年，美国7所著名的图书馆学情报学院的院长共同讨论并提出了"信息学院运动（Information Schools movement，iSchool运动），此后的2004年，19所美国LIS学院及与LIS有关的学院共同创建了iSchool项目，更加强化LIS教育中的信息与科技教育，并致力于解决LIS教育面临的新问题[75]。在教育改革的推动下，美国LIS教育的目标由单纯的培养图书馆与信息中心人才，扩大至培养公共服务机构、学术研究机构、教育机构、媒体和企业等领域的研究者、实践者和领导者，以满足社会对信息专业人才的广泛需求。

（4）职业认证、管理与培训

美国咨询服务从业人员必须通过考试资格审查、执业资格考试和注册登记等一系列严格的程序，才能获得执业资格。咨询从业人员大多是在实践中培养，各类大学虽不设咨询专业，但一般在大学高年级、硕士和博士研究生中开设咨询选修课，请咨询公司的从业人员讲授咨询公司的运作、有关法律问题、咨询程序和咨询案例等。除课堂教学外，还派学生到咨询公司实习，遇到问题可以得到咨询公司的帮助。咨询公司对实习学生的严格要求有利于培养出比较优秀的人才，从而推动整个咨询行业从业人员素质的提高。除此之外，一些咨询公司本身还设有研究生院，从事咨询人员的专门培训工作[76]。

4.2 我国 STM 信息资源行业现状分析

4.2.1 我国 STM 信息资源行业结构

我国的 STM 信息资源行业大体也可以分为政府 STM 信息资源服务和商业性 STM 信息资源服务两类。但由于出版单位原先属于事业单位，因此 STM 信息资源服务在政府、事业单位、企业之间的界限并不十分清晰。

4.2.1.1 政府 STM 信息资源发展现状

（1）政府 STM 信息资源管理现状

1）科学数据的管理共享

我国的科学数据管理与共享工作与美国、欧洲等西方国家相比起步较晚,虽然自新中国成立以来已开展了关于地质调查、气象、海洋、水文、环境和地震等方面的数据监测,所得的科学数据均用于公益事业,监测得来的数据量也很大,但对科学数据的有效利用率相对较低。

2002年,科学数据共享工程在科技部和相关管理部门的共同努力下正式启动,我国的科学数据管理与共享工作才有了较快发展,为科学研究、政府决策提供了科学依据和支撑,但这一工程仍需投入大量的人力和物力。

我国的科学数据共享工作在科技部的组织下,通过前期试点工作及后期条件平台建设,已经取得一定成绩,目前公益性、基础性科学数据占科学数据共享资源的较大部分。据初步统计,在科学数据共享工程实施以后,整合共享了跨部门、跨领域的超过250亿元国家投入产生的科学数据资源,内容涵盖自然、社会和人文等学科,为我国的科学数据管理与共享工作做出了较大贡献。2010年,我国在北京举行了中国科学数据共享政策研讨会,由科学数据库专家委员会主任孙九林院士主持,参会代表针对中科院科学数据的共享情况及国际学科领域的数据政策进行了探讨,深入交流了数据共享的政策措施和有益经验。

目前,虽然我国在科学数据管理与共享利用方面取得了一些成绩,但与发达国家相比还存在较大差距,主要表现在:①科学数据共享观念淡薄,很多科研院所和政府管理职能部门数据共享仍缺乏有效的政策法规保障;②科学数据管理与共享标准和技术规范不完善;③对科学数据共享管理投入不足;④缺乏科学数据管理与共享方面人才;⑤缺乏市场化的管理与共享平台。

2)科技报告的管理共享

我国科技报告管理起步较晚。20世纪80年代初,原国防科工委开始着手建立国防科技报告体系，目前已经初步建成一套符合国情、能基本保障国防科技报告工作开展的工作体系。

2011年5月，温家宝总理在中国科协第八次全国代表大会上指出，欧美等国家都有系统的科技报告制度，把国家支持的科研活动产生的资料，包括研究目的、方法、过程、技术内容、中间数据以至经验教训，尽可能地向公众开放共享。2012年9月颁布的《中共中央、国务院关于深化科技体制改革加快国家创新体系建设的意见》明确提出，要加强统筹部署和协同创新，提高创新体系整体效能，强化科技资源开放共享。

自2012年8月起，科技部牵头部署实施国家科技报告体系建设工作，成立国家科技报告制度建设办公室，开展深入调研，制定科技报告体系建设工作方案，在科技部主管的主体科技计划中开展试点工作。截至2013年5月，已经完成科技报告撰写标准规范的制定修订，并组织科研人员完成了部分国家科技计划项目科技报告撰写工作，验证了前期科技报告标准规范和流程设计的可行性。确定了在科技重大专项、973计划、863计划、科技支撑计划、国际科技合作计划等科技计划中全面推行科技报告撰写呈缴工作试点。

2014年3月1日零时起，国家科技报告服务系统正式开通，总计10 000份由国家科技计划专项产生的科技报告向社会提供开放共享服务。

（2）政府科技信息资源产业化情况

在我国，政府是科技数据资源最大的拥有者和用户，绝大多数的信息资源建设与开发项目都在政府的直接参与下开展，如"国家科技基础条件平台"的建设，由中央财政提供持续稳定的资金支持[77]。目前，平台已处于稳定运行服务阶段，在投入方面，将面临政府初始投资减少的不利因素，在这一过程中，对资源调配起重大作用的市场是否可以更多地被引入基础条件平台中,应该如何更有效地利用市场成为一个亟待解决的关键问题[78]。有学者提出,对于公开的范围,可以将具有公益性的原始资源公开,尤其是国家主持的观测和科技活动产生出的科技资源或科技基础条件资源,对于二次加工等扩展(衍生)出的科技资源则鼓励进行商业化运作。

政府拥有的其他类别的科技信息资源,如科技报告、科技成果、会议录、标准文献等资源,国内还没有或正在建立管理的体系及架构,尚未引入市场化机制。

4.2.1.2 商业类科技信息资源发展现状

(1)科技出版机构管理及发展现状

1)科技出版社管理及发展现状

我国的科技出版业格局随着国家出版体制改革已进行了较大调整。目前全国的科技出版单位绝大部分已经转企改制,一部分科技出版社外联内合,组建科技出版集团,不断发掘规模效益;一部分出版社被整合到大型出版集团,以集团各事业板块的身份开始了全新的运作;还有一部分成为独立专业出版机构,以特色和专业为优势出版特征,通过灵活的出版机制,开放的经营观念广泛吸纳各方资源,力图在专业化方面越走越远[79,80]。

我国的科技出版企业规模普遍偏小,在570多家出版社中,属科技出版社系列的只有140多家,平均年销售额仅有几千万元人民币,即使规模较大的企业,其销售额基本上也没有达到1亿美元规模的。发达国家的科技出版市场往往是被少数大型龙头企业垄断了极大份额。如爱思唯尔、斯普林格、汤森路透等,销售规模无一不是数以十亿美元计。要提升我国科技出版的国际竞争力,必然要在扩大科技出版企业的规模上下功夫。2008—2012 年我国科技类图书市场规模如表 4.5 所示。

表 4.5 我国科技类图书市场规模

单位:万元

类别	2008 年	2009 年	2010 年	2011 年	2012 年
社会科学总论类	63 160	83 056	130 032	98 539	125 634
经济类	476 786	512 536	540 403	581 695	571 156
历史、地理类	318 370	338 570	362 211	391 846	485 101
自然科学总论类	16 794	16 888	22 660	16 762	17 308
数理科学、化学类	94 431	88 894	110 782	114 351	117 321
天文学、地球科学类	20 473	25 604	25 683	28 386	36 019
生物科学类	29 938	27 425	34 610	40 556	44 059
医药卫生类	305 949	343 043	380 603	373 495	402 759
农业科学类	57 560	75 103	84 575	94 844	79 186
工业技术类	664 589	666 664	693 104	757 191	760 556
交通运输类	56 075	63 337	73 097	80 961	87 600
航空、航天类	4196	4523	4579	5797	7229
环境科学类	28 956	33 570	32 877	26 796	26 460
总计	2 137 277	2 279 213	2 495 216	2 611 219	2 760 388

数据来源:2008—2012 年全国新闻出版业基本情况,http://cips.chinapublish.com.cn/chinapublish/syzx/dlcbygk/。

2)科技期刊管理及产业发展现状

科技期刊作为出版业的一部分,早在 21 世纪前就呈现出了与我国国际声望、综合国力极不相称的状况。2011年7月新闻出版总署明确了非时政类报刊出版单位体制改革的"路线图"和"时间表",转制的号角正式吹响。经过新闻出版总署多年的分类指导,3种科技期刊转企改制的雏形已经形成,如实行集团经营模式的北京卓众出版有限公司,实行集群推进模式的中华医学会,以及集团、集群兼而有之的中国科技出版传媒股份有限公司[81]。少数有条件的期刊完成了转企改制,大部分科技期刊(尤其是高等院校和科研院所主办的学术期刊)还没有步入改革的行列。

科技期刊在数字出版时代的盈利模式还不够明晰,目前,我国科技期刊数字出版盈利模式仍局限在传统期刊出版盈利模式的框架下,多为内容数字化的传统出版盈利;盈利模式优劣的判断标准主要是能否持续产生现金流,即销售收入及产业链各环节是否完整[82],而我国当前阶段科技期刊数字出版往往局限于内容提供商和信息服务商的盈利,还没有形成完整的产业链创利与分利的模式。2008—2012年我国科技类期刊出版情况如表4.6所示。

表4.6 2008—2012年我国科技类期刊出版情况

		2008年	2009年	2010年	2011年	2012年
自然科学、技术类期刊	期刊种数/种	4794	4926	4936	4920	4953
	总印数/万册	48 171	46 228	47 068	48 717	48 567

数据来源:2008—2012年全国新闻出版业基本情况,http://cips.chinapublish.com.cn/chinapublish/syzx/dlcbygk/。

(2)信息服务商的发展现状

我国文献数据库经历了一个从无到有,逐渐壮大的过程,从单机数据库到光盘数据库,再到联机数据库,数据库逐渐形成产业并出现了众多数据库出版商。进入21世纪后网络数据库蓬勃发展,取得了巨大的成绩。

我国现有3家规模较大的科技信息服务商,即由清华大学、清华同方股份有限公司发起建立的中国知网;由中国科学技术信息研究所组建的北京万方数据股份有限公司;以及重庆维普资讯有限公司(前身是中国科技情报所重庆分所数据库研究中心)。

中国知网、万方数据、重庆维普资讯是我国科技信息服务产业历史最悠久、实力最强的三大领军企业,三大企业从计划经济时代的事业单位逐渐转变成为积极参与市场竞争的独立经济实体,开拓和培育了中国文献数据库市场。知网、万方、维普等传统的数据库生产商积累了一定的优势,如长期资源积累、稳定的信息收集渠道、处理能力的经验积累、品牌认可、强大的销售能力。目前3家科技信息服务商的市场规模如表4.7所示。

表4.7 国内信息服务商市场规模

单位:亿元

	2008年	2009年	2010年	2011年	2012年
中国知网	3.6	4.5	4.4	5.3	6.0
万方数据	1.1	1.6	2.2	2.9	3.0
维普资讯	0.2	0.3	0.5	0.6	—

数据来源:《2011—2012中国数字出版产业年度报告》。

以这3家企业为代表的我国科技信息服务企业也存在诸多问题:企业产品同质化现象严重;不完善的版权制度犹如悬在

企业头上的达摩克利斯之剑，随时威胁企业的生存与发展；互联网等其他行业的业务延伸和扩张，与科技信息服务商争夺文献数据库出版市场；未来政策的变化可能令一部分目前是各企业重要的信息资源公益化，以及国外信息服务企业进入中国对本土企业带来的威胁。

（3）科技信息机构管理及发展现状

1）科技信息机构管理现状

科技信息（情报）行业的定位问题，多年来观点和做法不一，2002年6月，在中国科技情报学会组织召开的"全国科技情报工作研讨会"上，时任科技部副部长邓楠同志在书面发言中对科技信息（情报）行业的定位问题做出了回答："国家创新体系的4个分系统都需要一个收集、加工、传播和应用知识的基础平台来支撑，这正是科技情报工作的核心内容，科技情报工作要成为国家创新体系的重要支撑体系。"之后，中央部委对科技信息（情报）机构体制定位有4种模式[83]，如表4.8所示。

表4.8 科技信息（情报）机构体制定位

分类	管理方式	举例
政府体系下的公益性科研机构	按非营利机构管理，其中一部分部委科技情报机构作为独立科研机构保留	如中国科学技术信息研究所
	另一部分部委科技情报机构与所在部委所属的其他研究单位一起合并成为一个新单位	如水利部科技情报研究所与水利部其他研究机构一起整合为水利部发展研究中心等

续表

分类	管理方式	举例
政府体系下的公益性科研机构	地方综合性科技情报机构	除青海省科技信息研究所、上海科技情报研究所外（在省级科技情报机构中，仅有青海省科技信息研究所于2000年12月从纯公益性的事业单位转制为科技型企业，并改名为青海省科技信息咨询服务中心；上海科技情报研究所与上海图书馆于1995年合并成立上海图书馆上海科技情报研究所，隶属于宣传部，是为特例）
	地方农业、林业、卫生和标准行业科技情报机构	
学/协会体系	挂靠在政府部门之下，管理与业务也很大程度上依附于政府部门	中国科技情报学会，在各省（市）、自治区都有地方学会，并成立了煤炭、农业、船舶、建筑等11个专业分会
企业体系	随上级主管部门并入企业集团	如航天科技情报研究所随航天部一起并入中国航天集团；宝钢、中石化等大型企业内设立的科技情报部门
	转制为科技型企业	如中国化工中心1999年在242所科研机构统一转制时转为企业，并入中国化工集团
	科技情报公司	中国知网、万方数据、重庆维普等
中介机构	转为中介机构	如国家经贸委管理的10所部委局所属机械信息工业研究院、煤炭信息研究院等转为中介机构

经过科技体制改革,科技信息(情报)行业呈现出以公益性为主、中介机构和企业为辅的多元化管理体制。

2)科技信息咨询业发展现状

据不完全统计,目前全国已拥有科技咨询机构4万余家,从业人员70多万人,年营业额已近百亿元。科技咨询已成为我国社会经济发展和国家创新体系中的重要组成部分,并初步形成产业规模[84]。

我国的科技咨询机构从构成来看主要有3类:①政府"顾问"机构,如各级政府政研室、调研室、智囊团、顾问团等,一般就政策问题、战略问题、重大项目问题等进行调查与研究,并向政府提供咨询报告,为其制定政策、科学决策提供依据和奠定基础;②管理职能部门或行业系统机构,如国家统计信息咨询中心、国家科技情报中心及全国各级科委、科协和行业系统的机构。这类咨询机构是政府职能管理部门或行业系统部门的下属机构,主要为本部门或本行业服务,同时承接社会所需的咨询项目;③各类独立法人资格的公司,即以独立法人资格成立的各种咨询公司,服务对象面向社会,有国有机构、集体所有制机构(有一些科研院所转制的科技咨询服务公司)、私有公司。从管理体制来看,主要分为政府管理和协会管理两种,归科技职能管理部门统管。

据统计,发达国家95%以上的企业都要花巨资求助于咨询机构;与发达国家相比,我国的咨询观念还比较淡薄,我国的市场体系不完善、不规范,企业的实力不强,科技咨询业的市场及市场体系还需要培育完善。

4.2.2 我国科技发展环境

4.2.2.1 科技政策与创新体系

(1) 科技政策规划

新中国成立以来，经过几代人艰苦卓绝的持续奋斗，我国科技事业取得了令人鼓舞的巨大成就。以"两弹一星"、载人航天、杂交水稻、陆相成油理论与应用及高性能计算机等为标志的一大批重大科技成就极大地增强了我国的综合国力，提高了我国的国际地位，振奋了我们的民族精神。同时，还必须认识到，同发达国家相比，我国科学技术总体水平还有较大差距，主要表现为：①关键技术自给率低，发明专利数量少；②在一些地区特别是中西部农村，技术水平仍比较落后；③科学研究质量不够高，优秀人才比较匮乏；④科技投入不足，体制机制还存在不少弊端。目前，我国虽然是一个经济大国，但还不是一个经济强国，一个根本原因就在于创新能力薄弱。

《国家中长期科学和技术发展规划纲要（2006—2020年）》指出，今后15年，科技工作的指导方针是：自主创新，重点跨越，支撑发展，引领未来。到2020年，我国科学技术发展的总体目标是：自主创新能力显著增强，科技促进经济社会发展和保障国家安全的能力显著增强，为全面建设小康社会提供强有力的支撑。基础科学和前沿技术研究综合实力显著增强，取得一批在世界具有重大影响的科学技术成果，进入创新型国家行列，为在21世纪中叶成为世界科技强国奠定基础。

(2) 国家科技创新体系结构

我国的国家创新体系是由知识创新系统、技术创新系统、知识传播系统、知识应用系统4个部分构成[85]。

创新主体承担着国家创新系统中各种创新活动,包括政府、科研机构、高等学校、企业、中介机构和各类服务组织等[86],国家创新系统中各主体的地位和作用也不尽相同。

在国家创新发展中政府是制度创新的主体,这是因为国家制度变革是创新型国家建设的根本保障。创新型国家的建设依赖于科技与产业创新,科技与产业创新的主体是各类科学研究机构、高等学校相关机构和各行业企业,它们所从事的知识创新活动具有必然的联系,由此形成了产-学-研一体化的科技、产业创新体系。

中介和服务机构包括行业协会、科协系统、生产力促进中心、技术产权交易所等,是创新系统中的服务创新主体。

(3)科研投入

我国的科技经费投入逐年增加。国家财政科技支出稳步增加,全国研究与试验发展(R&D)经费投入力度加大,占国内生产总值比例不断提高,居发展中国家前列。2004—2011年我国R&D经费投入情况[87]如表4.9所示。

表4.9　2004—2011年我国R&D经费投入情况

年份	R&D经费/亿元	R&D经费增长率	R&D经费投入强度①	R&D经费投入结构②	R&D经费来源结构③
2004	1966.3	27.71%	1.23%	6.0%∶20.4%∶73.7%	26.2%∶73.8%
2005	2450.0	24.60%	1.34%	5.4%∶17.7%∶76.9%	26.1%∶73.9%
2006	3003.1	22.58%	1.39%	5.2%∶16.3%∶78.5%	26.4%∶73.6%
2007	3710.2	23.55%	1.40%	4.7%∶13.3%∶82.0%	25.9%∶74.1%
2008	4616.0	24.41%	1.47%	4.8%∶12.5%∶82.8%	24.7%∶75.3%

续表

年份	R&D 经费/亿元	R&D 经费增长率	R&D 经费投入强度①	R&D 经费投入结构②	R&D 经费来源结构③
2009	5802.1	25.70%	1.70%	4.7%：12.6%：82.7%	24.6%：75.4%
2010	7062.6	21.72%	1.76%	4.6%：12.7%：82.8%	25.1%：74.9%
2011	8687.0	23.00%	1.84%	4.7%：11.8%：83.4%	22.7%：77.3%

注：① R&D 经费投入强度：R&D 经费支出与国内生产总值之比。
② R&D 经费投入结构：基础研究经费、应用研究经费与试验研究经费在 R&D 经费投入中的比重。
③ R&D 经费来源结构：政府资金与企业资金之比。

我国 R&D 经费投入强度偏低，尚未突破 2%。在 R&D 经费投入结构上，用于基础研究和应用研究的经费相对较少，而用于试验研究的经费支出较多，2007 年以来一直保持占 R&D 经费的 80% 以上。在 R&D 经费来源结构上，以企业投入为主体，政府投入比重较小。

从投入主体来看，企业是最主要的投入主体。2010 年企业的 R&D 经费投入达到 5063.1 亿元，占全社会 R&D 经费投入的 71.69%，远超过政府 24.09% 的投入占比，以及其他社会主体 4.22% 的投入占比。企业 R&D 经费支出中，大中型企业 R&D 经费占全部企业 R&D 经费支出的 70%，企业自身投入的资源占 90% 以上，政府投入的资金比例较低，企业自身投入的资金占绝大部分。

4.2.2.2 科技信息基础设施建设

（1）科技文献共享设施

2003 年国家科技部组织有关专家调研撰写的《科技文献信息资源与服务平台建设研究报告》中指出，科技文献资源是国家信息资源的重要组成部分。国家科技文献信息与服务平台建设是国家信息基础结构建设的重要内容[88]。

2000年以来，我国推进了面向科技创新的信息资源共建共享和机构服务业的协同，由科技部联合财政部、国家经贸委、农业部、卫生部和中国科学院共同建设了国家科技图书文献中心（NSTL）；在教育部统一规划下，高等学校图书馆联合建设了中国高等教育文献保障系统（CALIS）；在国家数字图书馆计划实施中，以国家图书馆为中心的公共数字图书馆系统构架已经形成；中国科学院国家科学数字图书馆（CSDL）服务于中国科学院系统用户，支撑全国科技资源共建共享工程。

（2）科学数据共享基础设施

与此同时，我国也认识到科学数据作为信息时代最基本、最活跃、影响面最宽的科技资源和一种战略性资源，对于科技创新具有显著的基础支撑作用。科学数据共享管理是时代发展的必然，其实质就是实现科学数据资源的开放与公用，实施科学数据共享工程已成为我国信息化建设的重要任务[89]。

2002年6月，科技部向国务院提出了关于启动科学数据共享工程的建议，同时联合教育部、中国科学院、中国工程院、国家自然科学基金委员会下发了《关于进一步增强原始性创新能力的意见》，把建立科学数据共享机制作为增强原始性创新能力的重要环节。2003年，科技部在财政部的支持下设立了科技基础条件建设专项，科学数据共享工程作为重要组成部分纳入科技基础条件平台建设[90]。

科学数据共享工程建设的总体目标是：利用10年的时间，完成共享政策、法规体系和管理体制建设，建立健全共享机制；构建50个左右的国家科学数据中心或科学数据共享服务网，基本形成覆盖全面、结构合理、功能先进的科学数据共享服务体系，基本满足科技创新和国家发展对科学数据的需求。

目前，以研究实验基地和大型科学仪器设备、自然科技资源、科学数据、科技文献、科技成果转化、网络科技环境六大领域为基本架构的国家科技基础条件平台建设体系初步形成，整合了1.2万台（套）大型科学仪器、105个台站、47座风洞、113万份自然资源实物、540万号（件）标本、21.5万种科技图书及36 TB的科学数据等大量科技资源[91]。

我国对于科技信息资源基础设施的建设为科技信息资源产业的发展提供了坚实的基础。

4.2.2.3 科技成果产出

（1）科技论文产出居世界前列

根据中国科学技术信息研究所发布的2013年度中国科技论文统计结果显示，2003—2013年（截至2013年9月1日），中国科技人员发表的国际科技论文共被引用709.88万次，比2012年度统计时提升1位，排世界第5位，这标志着中国提前完成了《国家"十二五"科学和技术发展规划》中提出的"到2015年国际科技论文被引用次数进入世界前5位"的目标。统计结果显示，10年来中国科技人员共发表国际科技论文114.3万篇，排在世界第2位，比2012年度统计时增加了11.8%[92]。

（2）科技期刊数量居世界前列

我国也是科技期刊大国，科技期刊在数量上（4953种）仅次于美国（17 000余种），居世界第2位[93]。经过多年发展，中国已拥有了一些高水平的科技期刊，但是绝对数量仍然过少。根据中国科学技术信息研究所的统计，2000年中国仅有47种期刊被SCI收录，占全世界的0.826%。2011年，这一数字已经增加到155种，也仅占全世界的1.859%[94]。

（3）专利数量居世界前列

世界知识产权组织（WIPO）发布的《2012年世界知识产权指标》报告指出，中国已经成为专利申请第一大国。报告显示，2011年，中国国家知识产权局受理来自国内外发明专利申请52.6412万件，超过美国的50.3582万件，居世界第1位[95]。

（4）创新能力较薄弱

尽管我国的科研产出数量取得了举世瞩目的成就，但是自主创新能力仍然比较薄弱。2013年7月1日，世界知识产权组织发布了《2013年全球创新指数报告》，根据重点大学教育水平、风险投资等84个指标，对全球142个主要经济体进行创新指数排名，其中瑞士、瑞典、英国、荷兰和美国分列前5位；中国排名第35位，比2012年下降1位；中国香港排名第7位[96]。据汤森路透集团基于专利数据公布的"2012全球创新企业百强"榜，中国企业连续两年无缘百强，虽然中国专利申请数量领先全球，但由于专利质量及影响力不足，中国企业无一上榜[97]。

4.2.3 我国STM信息资源发展环境

4.2.3.1 信息资源相关的政策法律环境

（1）国家重视信息资源产业发展

我国全局意义的信息立法是从20世纪80年代开始的，目前已经形成了包括知识产权法、新闻出版法、信息安全法、信息公开法等多个层面的法律体系[98]。但从现状来看，我国信息立法仍滞后于行业发展需求。

发展信息资源产业是国家的战略选择，国家颁布了很多关于发展信息资源产业的政策。《2006—2020年国家信息化发展战略》提出的战略目标之一：确立科学的信息资源观，把信息资源提升到与能源、材料同等重要的地位，为发展知识密集型产业创造条件。强调信息资源开发利用要取得重要进展[99]。

中共中央办公厅、国务院《关于加强信息资源开发利用工作的若干意见》提出，加强信息资源开发利用工作的总体任务是：发展壮大信息资源产业；推进政府信息公开和政务信息共享；推动我国信息资源总量增加、质量提高、机构优化[100]。

《中华人民共和国国民经济和社会发展"十一五"规划纲要》提出，加强生产、流通、科技、人口、资源、生态环境等领域的信息采集，加强信息资源深度开发、及时处理、传播共享和有效利用[101]。

马费成等进一步考察了中国信息资源政策与法律的理论研究和实践进展，指出中国信息资源政策与法律研究存在分散、政府实践与理论研究步调不一、缺乏统一协调等问题。还有学者认为中国信息资源产业在产业布局上有产业分类尴尬、社会对信息资源产业认识含混的问题，提出产业政策应形成分级管理体系，对信息资源产业中存在着的"第一产业""第二产业"和"第三产业"实施不同的管理政策[102]。由此可见，我国还未建立起信息资源产业体系，未能根据信息资源产业阶段明确子产业的优先发展次序等。

（2）我国科技信息政策发展

我国自1956年开始颁布科技信息政策，1956—1979年，我国科技信息政策制定着重于科技情报政策方面，形成了比较完善的国家科技信息工作体系。主要的政策有1958年国务院批准颁布的《关于开展科学技术情报工作的方案》；1977年国家科委编制的《1978—1985年全国科学技术发展规划》，其中的有关条款规定了建立发展全国科技情报（信息）系统的目标和任务。1980—1990年国家经济体制改革全面开展和改革开放战略全面实施，国家科技管理部门在政策上提出了经营顾问观念和需求导向原则，我国的事业型信息服务机构在组织无偿服务的同时，开始突破传统的体制限制，拓展了面向市场的服务业务。主要的政策有1988年4月原国家科委下发了《关于加快和深化科技情报体制改革的意见》，提出要坚持与经济紧密结合的观念；1991年正式颁布了《国家科学技术情报发展政策》；20世纪90年代末以后，整个科技情报行业开始了对自身机构改革的反思，开始探索新的变革方式和发展方向。2000年，《关于深化科研机构管理体制改革实施意见》和《关于非营利性科研机构管理的若干意见》出台，为包括科技情报机构在内的科研机构体制定位和改革方式的确定奠定了政策环境[103]。

由此可见，科技信息服务的政策集中于机构改革，还未对产业进行有效扶持与培养。

（3）我国科技出版政策发展

我国的科技出版业随着整个出版业的改革仍处于改革之中。中国出版业总体还处于深化改革、调整结构、加快发展的攻坚阶段。2003年，在中共十六大和十六届三中全会"大力发展文化事业和文化产业，推进文化体制改革"思想的引导下，以企业化、市场化、产业化为中心的出版体制改革才真正开始破题，出版单位的企业化转制开始进入试点阶段。2003年，新闻出版总署下发了《新闻出版体制改革试点工作实施方案》等文件，昭示着中国出版业，乃至整个媒介业的改革全面推进。出现了一批实力较强、经营管理水平较高、在国内有一定影响的综合性出版集团。2006年，新闻出版总署出台了《关于出版发行体制改革工作的实施方案》[104]。

由此可见，科技出版产业已在试点单位按照产业化方式运作，但所有出版机构的改革还未完全完成，随着体制改革的不断深化，以国有制为主体、多种经济成分共同发展的产业格局基本形成。

此外，我国科技信息服务业、科技中介、科学数据等政策较为分散，只针对某一行业制定。

我国对于信息资源产业非常重视，在科技信息资源政策实施中，颁布的政策多在于改革方面，这将不断引领科技信息资源向产业化方向发展。

4.2.3.2 信息资源市场环境

创新型国家的建设依赖于科技与产业创新，科技与产业创新的主体是各类科学研究机构、高等学校相关机构和各行业企业，各创新主体所从事的知识创新活动具有必然的有机联系，由此形成了产-学-研一体化的科技、产业创新体系，并且在政府主导下进行协同创新，在经济和社会发展中实现创新型国家的建设目标。

有调查显示，企业所需的主要信息类型首先是市场信息，其次是科技信息，尤其关注产品销售及原材料供应、市场竞争、产业发展趋势、技术跟踪等方面的信息，常用的文献类型有技术报告、专利、标准和参考工具书等[105]。

科研机构和高等学校则在科研准备、实验阶段对信息需求旺盛，相对于企业而言，他们对外文文献的需求更为强烈。在文献类型方面，科研机构和高等学校主要选择期刊、图书等正式出版的学术文献。而各类创新主体都对个性化服务、定题服务和参考咨询等业务表现出明显的需求，它们都非常关注国内外最新科技进展、引文检索、引证分析、文献统计评价、智能检索等新型的服务业务[106]。

由于知识创新具有与环境的互动关系，随着信息化程度的提高和创新经济的发展，包括政府研究机构、高等学校、企业和各类社会组织在内的创新信息需求正在发生新的变化，其趋势为从系统内需求向跨系统需求转变、从定向需求向多元需求变革、从信息内容需求向服务需求拓展、从静态信息需求向动态信息需求发展、从信息层面向知识层面需求深化[107]。

国家创新发展中的信息需求变化引发了自主创新中的信息服务变革需求，要求信息服务与创新型国家建设中的主体信息需求相适应。

4.2.3.3 信息资源人才建设

（1）信息素养教育

我国的信息素质教育源于文献检索课程。教育部分别于1984年2月、1987年7月、2002年2月印发通知，要求高等学校开设"文献检索与利用"课程，培养师生的情报意识和利用文献情报的技能，开展信息素质教育，培养读者的信息意识和获取、利用文献信息的能力。自20世纪80年代中期，高校图书馆开始承担大学生信息素养教育。

国内学者对信息素养教育现状进行调查分析，指出信息素养教育存在一些问题。总体来说，我国大学生的信息素养水平不高，信息素养综合能力偏低，信息素养教育成效不显著，需要对信息素养教育进行一定程度上的变革和创新[108]。

（2）职业认证、管理与培训

我国的信息咨询业还缺乏专业的信息咨询学科体系和培训体系，缺乏规范的培养和认证标准。虽然我国已开始信息咨询业资格认证考试制度，但这些考试都缺乏规范的认证制度和管理条例。信息咨询人员知识结构不合理，专业化水平有待提高。

当前我国信息咨询业中理工科、外语专业人才占绝大多数，情报专业人才只占 3.8%，一些新兴学科及专门技术人才更加缺乏[109]。

社会对信息咨询业的重视不够，信息咨询机构对自身的宣传不足，民众的信息咨询意识淡薄，信息咨询人员得不到社会的广泛认可。信息咨询具有很强的实践性，而学校教育并不能提供良好的实践机会，实现学校与咨询机构联合办学存在一定的难度。

4.3 小结

不同的市场和政策环境造就了中美各异的行业特点，本章从科技创新体系、科研资金投入、科研产出、信息资源法律体系、信息资源市场环境、信息资源人才建设等方面进行了对比和总结，如表 4.10 所示。

表 4.10 中美 STM 信息资源行业发展影响因素对比

	美国	中国
科技创新体系	以市场为导向、以企业为主体的创新系统已发展成熟，自主创新力强	逐渐向以市场为导向、以企业为主体的创新系统发展，自主创新力相对薄弱
科研资金投入	经费投入保持较高水平，投入强度高，经费来源以政府投入为主	经费投入逐年增加，投入强度偏低，经费来源以企业投入为主

第4章 对比中美 STM 信息资源行业发展状况

	美国	中国
科研产出	科技期刊、论文、专利产出高，质量高	科技期刊、论文、专利产出较高，质量参差不齐，与美国差距大
信息资源法律体系	法律制定时间早，较系统，形成包括信息公开共享、信息安全、知识产权、图书馆及成果转化等多层面的法律体系	法律制定相对滞后，形成包括信息公开、信息安全、知识产权、新闻出版等多个层面的法律体系，部分领域存在立法空白
信息资源市场环境	需求主体、需求形式、需求内容均向多样化发展	同美国
信息资源人才建设	注重信息素养的提升与专业人才培养；人才培育体系发展早	逐渐重视信息素养与专业人才培养；教育体系起步较晚，相关课程体系、教学内容仍不完善

第5章
聚焦 STM 信息资源行业相关政策

　　国家政策对产业发展具有导引方向、促进发展的作用，同时不合适的政策也会对产业的发展产生抑制作用。为全面了解国内外在科技信息资源产业相关领域的政策情况，为政府决策提供更好的辅助支持作用，本章首先阐述科技信息资源服务在科技发展中的战略定位，并从各国对科技中介机构的促进政策的视角，进一步说明了科技信息资源服务在国家科技发展中举足轻重的作用，然后以科技信息资源的产生流程为中心，详细描述科技信息资源产业不同环节中的政策，包括科研成果产生、科研成果交流中涉及的科技信息资源服务相关政策，以及面向最终用户的科技信息资源服务政策，力求全面、有针对性地对比分析国内外科技信息资源相关领域的政策内容。国内外科技信息资源产业相关政策如图 5.1 所示。

第 5 章 聚焦 STM 信息资源行业相关政策

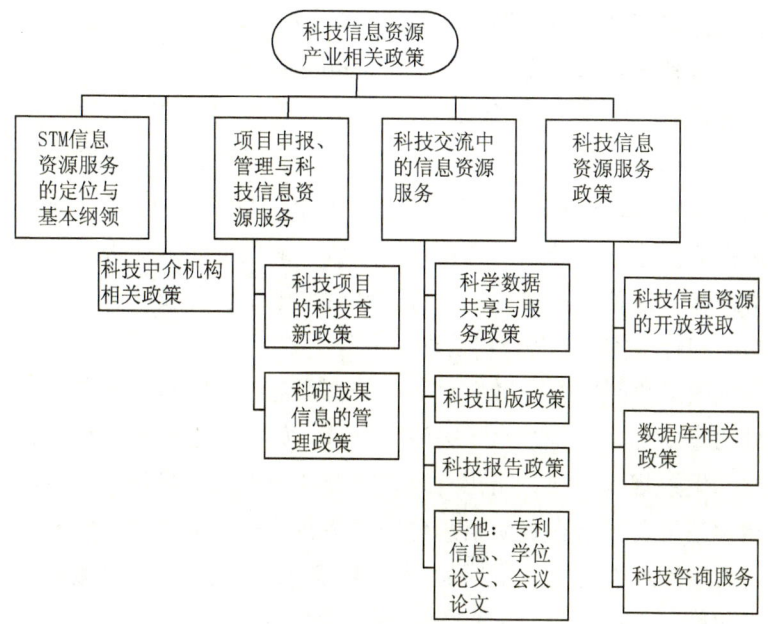

图 5.1 国内外科技信息资源产业相关政策

5.1 STM 信息资源服务的定位与基本纲领

STM 信息资源服务是以 STM 信息资源为依托，以用户的各种知识和信息需求为目标，经搜集、整理、加工、分析等工作，为用户提供最终科技信息产品的知识密集型服务，其核心定位是：以信息的收集、分析、加工、整合和创新为基础，融入用户解决问题的全过程，支持用户的知识创新与应用[109,110]。

作为科技强国之最，美国之所以能够一直保持科学技术领域的绝对优势地位，与美国政府一贯重视科技信息资源建设与服务的态度密不可分。1984年以总统法令的形式发布的"美国科学技术信息纲领"（Scientific and Technical Information Program，STIP），由国会参、众两院会议通过，其宗旨和目标为：对国家的科技信息及由政府和国会拨款完成的各类科研和工程项目所取得的成果进行有效的收集、分析、管理、加工和传播，以提高国家科学技术研究项目的效益，最大可能地促进科学技术进步，避免不必要的重复劳动和资源浪费，并及时、有效地指导和管理各项工程及科研项目[111]。

我国政府层面，将STM信息资源服务作为科技基础条件建设的重要部分，持续给予关注和支持。如《国家中长期科学和技术发展规划纲要》指出："要充分利用现代信息技术手段，建设基于科技条件资源信息化的数字科技平台，促进科学数据与文献资源的共享，构建网络科研环境，面向全社会提供服务，推动科学研究手段、方式的变革。"[112]

可以看出，我国缺乏在国家整体层面的STM信息资源共享服务纲领。从宏观指导文件的侧重点看，美国政府的信息纲领强调政府投入部分有效的收集管理与利用，在我国的规划中并未体现政府和市场的不同角色，未突出政府有效管理和公开的职能。

5.2 科技中介机构相关政策分析

科技中介机构作为高科技产业发展的桥梁和纽带，为科技创新主体提供专业化、社会化服务，对科技成果转化、科技信息交流、决策咨询、资源有效配置、技术服务，以及对政府、不同创新主体与市场之间的知识流动和技术转移发挥着重要作用,能够有效降低创新成本、化解创新风险、加快科技成果转化,提高整体创新能力[113]。科技中介服务属于知识密集型和智力密集型的新兴产业,世界各国科技中介组织的发展背景、运行环境和支撑平台存在较大差异,政府对科技中介机构的作用和导向也存在较大差异[114]。

5.2.1 国外相关政策分析

第二次世界大战以后国际竞争更加激烈,美、英、德、日等都把科技发展作为一项基本国策,与此同时科技中介服务机构的发展也越来越受到重视。为提高科技成果对本国经济和社会发展的促进作用,各国大力发展科技中介服务在科技与经济、政府与企业之间的纽带作用,目前,美国已基本形成了比较完善的科技中介服务体系和科技政策环境[115]。

自 1980 年以来,美国政府相继出台了一系列政策法规,与科技中介服务相关的技术转移和科技成果转化政策,为中介服务提供了良好的政策环境。1980 年《贝尔-多尔法案》被誉为"大学技术转移的大宪章",规定大学、非营利机构和企业在联邦经费支持下的发明专利拥有权仍归自己,可以通过技术许可协议进行技术转移,该法案极大地促进了学校、科研单位和企业对技术转移工作的热情[116]。同年推出的《史蒂文森-威德勒技术创新法》,明确了联邦政府有关部门和机构及其下属实验室的技术转让职责。1986 年美国国会又推出《联邦技术转让法》,提出联邦政府雇佣的科研人员对于职务发明专利的技术转让收入,参加联邦实验室合作研究的企业可以享有成果权,从而调动了企业投资应用联邦实验室技术成果的积极性[117]。此后，美国国会又制定了一些法律，将科技中介机构作为决策的法定程序，规定凡超过100万人的城市都应建立起关系区域发展的科技中介综合机构及组织，进一步推动了政府资助的研究成果向企业的转移。进入20世纪90年代，美国又对《联邦技术转让法》进行了多次修正，如《联邦技术转让商业化法》《技术转让商业化法》，加强联邦政府及研究机构对技术转让的责任，去除制约技术转让的不合理障碍，通过加速联邦资助的技术成果的转移，提高美国经济的竞争力[118,119]。

在促进科技中介机构发展方面，美国政府采取了直接资助和税收优惠政策，直接资助成立了国家技术转让中心（NTTC）、联邦实验室技术转让联合体（FLC）和国家技术信息中心（NTIS），将联邦政府资助的国家实验室、大学和私人研究机构的科研成果迅速推向社会和工业界，使之尽快商品化，加速科技成果的转移；对于非营利性中介结构，企业的科技咨询费不计征所得税，以刺激企业寻求科技中介服务；美国政府还提出了一系列的大型科技发展计划，增加了技术创新系统中各要素间的互动，如《中小企业技术创新计划》《合作研究开发计划》《先进技术计划》等。

美国科技中介机构的性质和运营模式呈现多样化的趋势，包括非营利性和营利性两种模式，非营利性中介机构又包括国家设立和民间设立两种不同情况。国家设立的科技中介机构数量很少，但大多数规模和作用都比较大，成立程序规范并且需要由国会通过相应的法案，并由法案规定该机构的业务范围、机构职能、经费来源，如国家技术转让中心和联邦实验室技术转让联合体等；民间设立的非营利科技中介机构多属于综合性较强的中介机构，多数综合性科技中介机构采取会员制的方式，以行业协会或企业协会的形式存在，如北弗吉尼亚高技术企业协会。营利性中介机构大多数为专业性机构，作为商业化公司运营，包括孵化器类公司、技术咨询和技术成果评估公司等。

5.2.2 我国相关政策分析

5.2.2.1 确定法律地位

1985年3月13日发布的《中共中央关于科技体制改革的决定》[120]，指出要注重解决科技成果的配套、商品化生产和经济效益等方面的问题，积极发展科技成果转让、技术承包、技术咨询、技术服务等多种形式的技术贸易活动；要制定有关的法规和制度，保障买、卖、中介三方的合法权益，国家通过专利法和其他相应的法规，对知识产权实行保护，并且运用关税和行政手段有限度地保护国内的技术市场；转让技术成果的收入，近期一律免税；新产品可在一定期限内享受减免税收的优惠；持有技术成果的单位可以采取技术入股的方式与企业进行联营；技术开发机构和企业转让技术成果的收入，可提取一部分奖励直接从事开发工作的人员。这是我国比较早的对科技涉及科技中介服务及成果转移的法律。1987年6月23日颁布的《中华人民共和国技术合同法》，正式把科技中介列入受国家法律保护的活动；此后的《中华人民共和国合同法实施条例》《中华人民共和国促进科技成果转化法》，进一步奠定并完善了科技中介的法律地位[121]。

5.2.2.2 发展壮大政策

1999年8月，中共中央、国务院发布了《关于加强技术创新，发展高科技，实现产业化的决定》，提出要大力发展科技中介机构，应用型科研机构和设计单位原则上要转为科技型企业、整体或部分进入企业、转为中介服务机构等，政府将通过科技项目招标方式，继续对这些科技型企业从事的共性、关键性、前沿性产业技术研究活动予以支持；国家鼓励某些性质相似的科研机构转制为企业性的科技中介服务机构，也鼓励科技人员创办这类机构；要尽快制定和完善关于科技中介服务组织的法规，规范其行业行为，加强管理。要引导各种技术创新服务机构、技术评估机构以及技术经纪机构等中介机构，为加速科技成果的转让提供良好的服务[122]。2002年12月2日，科技部在北京召开第一次全国科技中介机构工作会议，提出在5年内健全我国科技中介机构服务体系，并将2003年确立为"科技中介机构建设年"。2002年12月20日，科技部又颁发了《关于大力发展科技中介机构的意见》，提出面向社会开展技术扩散、成果转化、科技评估、创新资源配置、创新决策与管理咨询等专业化服务的科技中介机构，是国家创新体系的重要组成部分；组织和引导专业技术力量发展科技中介机构；完善科技中介服务门类，提高服务质量；培育骨干科技中介机构，发挥示范带动作用；加强科技中介机构与科研机构、高等学校、其他中介机构的联合与协作；努力创造适合科技中介机构发展的环境条件，并具体提出了科技中介机构建设的指导思想、目标和原则等。至此，科技中介机构作为技术市场的主体随着技术市场的发展不断发展壮大。

5.2.2.3 税收支持政策

《中华人民共和国中小企业促进法》规定：①对科研单位、大专院校服务于各行业的技术成果转让、技术培训、技术咨询、技术服务、技术承包所取得的技术性收入暂免征所得税；②企业事业单位进行技术转让，以及在技术转让过程中发生的与技术转让有关的技术培训、技术咨询、技术服务的所得，年净收入在30万元以下的，暂免征所得税；③对科研单位取得的技术转让收入免征营业税[122]。

5.2.2.4　近期扶持政策

2013年1月15日，国务院颁发了《国务院关于印发"十二五"国家自主创新能力建设规划的通知》，提出要增强科技中介机构创新服务能力，积极推进各类科技中介服务机构发展，引导科技中介服务机构向服务专业化、功能社会化、组织网络化、运行规范化方向发展。加强骨干中介机构技术服务能力建设，提升技术服务设备水平，培养高水平人才和从业人员。推动中介机构应用现代科学技术，创新服务方式与手段，推动业务向技术集成、产品设计、工艺配套及管理咨询等领域拓展。发挥行业协会、学会和产业组织作用，加强对科技咨询、技术评估、信息服务和创业投资服务等中介服务机构的指导，增强中介机构专业化服务能力。提高科技中介机构服务创新水平，进一步深化企业主导的产学研合作。促进创新资源有效共享、高效利用，加强科技信息资源和科技产出调查，完善公共科技资源共建共享体制[123]。

2013年1月28日，国务院办公厅发布了《国务院办公厅关于强化企业技术创新主体地位全面提升企业创新能力的意见》，指出要培育一批专业化、社会化、网络化的示范性科技中介服务机构，以中央财政资金为引导，带动地方财政和社会投入，支持围绕地方特色优势产业和战略性新兴产业创新发展的区域公共科技服务平台建设，推动平台面向中小企业提供研发设计、检验检测、技术转移、大型共用软件、知识产权、标准、质量品牌、人才培训等服务，探索通过购买公共服务等方式，引导建立促进技术创新服务平台有效运行的良好机制，加快建设技术交易市场体系、科技创业孵化网络和科技企业加速成长机制[124]。

5.2.3 国内外相关政策对比分析

通过对比中美中介相关政策（表5.1）可以发现，我国在科技中介相关政策方面具有以下特点。

（1）宏观战略层面重视发展科技中介服务

从19世纪90年代，我国出现科技中介服务概念开始，国家在宏观战略层面给予了充分重视，相继颁布了《中共中央关于科技体制改革的决定》《中华人民共和国技术合同法》《中华人民共和国合同法实施条件》《中华人民共和国促进科技成果转化法》等法律，明确了科技中介服务的法律地位，并为其市场活动提供了法律保障。并在一系列的促进发展政策中确定了科技中介的发展方向，为其提供了很好的宏观政策环境。

（2）具体政策落实力度不够

国家出台的与科技中介相关的法律重在提高其自身的法律地位和社会影响力，多为促进科研机构转型的指导性意见，但是对科技中介组织的优惠政策并不多。

（3）科技中介机构政策法规体系不够健全

目前我国政府的扶持政策还没有从根本上有效地促进科技中介的发展。由于科技中介机构发展迅速，立法存在着一定的滞后性，这主要反映在一些实际问题上存在着无法可依和有法难依的现象。如由于对技术交易场所、技术交易方面缺乏相应的法律规定，供需双方分散自由的场外交易仍然占有很大比例[125]。

第 5 章 聚焦 STM 信息资源行业相关政策

表 5.1 中美科技中介相关政策

	美国		中国
技术转让	《贝尔-多尔法案》《史蒂文森-威德勒技术创新法》《联邦技术转让法》《联邦技术转让商业化法》《技术转让商业化法》	确定法律地位	《中共中央关于科技体制改革的决定》《中华人民共和国技术合同法》《中华人民共和国合同法实施条例》《中华人民共和国促进科技成果转化法》
直接资助和税收政策	《中小企业技术创新计划》《合作研究开发计划》《先进技术计划》	发展壮大政策	《关于加强技术创新,发展高科技,实现产业化的决定》《关于大力发展科技中介机构的意见》
性质和模式	非营利性和营利性	税收支持	技术性收入暂免征所得税、免征所得税、免征营业税

5.3 科研项目申报、管理与 STM 信息资源服务

科研项目管理过程中一方面要利用 STM 信息资源服务提供决策支撑,另一方面项目成果将形成大量的 STM 信息资源。因此本节从科研项目新颖性审查和项目成果管理两方面进行对比分析。

5.3.1 科研项目管理中的决策支撑

专业信息支撑是在科研项目管理和科研奖励等环节中必不可缺的工作,其中新颖性审查是在项目申请、成果鉴定、申报奖励、专利申请等环节,相关管理部门的重要决策参考。

5.3.1.1 国外相关政策分析

美国科技项目申报中的科技查新看重同行评议,以同行评议作为审核依据。

美国国家科学基金会(National Science Foundation,NSF)是美国独立的联邦机构。为了确保 NSF 同行评议系统的良好运行,根据国家科学委员会(NSB)于 1977 年签署并于 1984 年修订的政策,NSF 主任每年必须向 NSB 提交关于 NSF 项目申请评议系统运行状况的年度报告。报告内容包括每年提交申请概况、申请批准情况及评议状况等,并附有大量多年度可对比的数据及表格。NSF 同行评议年度报告经审议通过后,以 NSB 的名义向社会公布,以接受科学共同体和广大社会公众的监督[126]。

德国的国家和政府重大项目评估,一般由联邦教研部和州政府主管部门共同做出决定,委托科学委员会(马普学会的核心机构)来承担。科学委员会虽然由联邦和州两级政府共同支持和承担费用,但却是独立的科学组织。政府和科学界达成了共识:科学研究的质量只能由科学界通过同行评议来承担[127]。

美国的专利审查实务中,对新颖性主要以该发明在发明日以前是否是公知公用的发明,以及是否从已获得专利的发明或出版物上刊登的发明中可预见(Anticipation)为主进行判断。原则上一个现有技术要包含所有发明的基本要素,即可预见性的判断基准是等同性,发明的所有组成要素与一个现有技术的组成要素相同时，判断为没有新颖性。

专利查新文献量的要求：根据世界专利合作条约组织的规定，专利查新最低文献量应包括英、美、法、德、日、苏（俄）、意及PCT、EPT七国、两组织专利说明书和169种核心期刊[128]。

5.3.1.2　我国相关政策分析

科技查新是我国在实践中从专利查新发展出来的新颖性审查管理制度，是指具有查新业务资质的查新机构根据查新委托人提供的需要，查证其新颖性的科学技术内容，按照《科技查新规范》进行操作，并做出结论（查新报告）。科技部于2000年12月发布了《科技查新机构管理办法》和《科技查新规范》，标志着查新工作进入了法制化的阶段。

科技基金项目为科技查新的主要对象之一，国家自然科学基金面上项目和青年项目原则上都不要求查新，重点项目需要查新。我国973计划项目、863计划项目及国家技术发明奖、国家科技进步奖等，均要求专门进行查新。

在专利新颖性方面，我国专利法规定了新颖性是发明或者实用新型不属于现有技术，在国家知识产权局制定的《专利审查指南》中进一步明确了现有技术的范围，包括：在申请日（有优先权的，指优先权日）以前在国内外出版物上公开发表、在国内外公开使用或者以其他方式为公众所知的技术[129]，确定了在专利审查中广泛使用STM信息资源来确定专利新颖性。

5.3.1.3　国内外相关政策对比分析

如表5.2所示，在科研项目管理环节中，我国的科技查新政策作为明确的要求将第三方鉴证服务引入到科研项目、成果管理与评价中，提供第三方独立、客观的新颖性评价，具有一定的创新性。

表 5.2 中美科研项目中的决策支持政策

	美国	中国
科研项目查新	以同行评议或价值评议作为审核依据；评估单位主要为社会评估机构	法律化：《科技查新机构管理办法》和《科技查新规范》、科技项目查新机构业务范围的界定、国务院取消科技查新机构业务资质的认定、教育部查新机构申报的相关政策、新颖性原则的相关政策
专利查新	非显而易见性审查；公众专利监督和评审。专利查新文献量的要求：应包括英、美、法、德、日、苏（俄）、意及PCT、EPT七国、两组织专利说明书和169种核心期刊	创造性标准的把握尺度最具有弹性，也最能在实践中落实对专利质量的控制

5.3.2 科研项目成果信息的管理政策

在科学研究过程中会产生大量的科学数据、论文、报告、软件代码等信息内容。政府主导的科研项目中，这些由纳税人共同支付形成的信息资源也应以适当的方式公开、共享。以下着重分析国内外政策实践情况。

5.3.2.1 国外相关政策分析

出版物方面，2004 年美国国立卫生研究所（NIH）规定部分或全部受 NIH 资助的研究成果强制性建立机构库进行存储。2005 年 CURES 法案规定，卫生部门包括 NIH 在内的所有机构的科研成果都要强制自存储。美国的 FRPPA 法案规定了凡是受到政府资助的科研成果或者进行投资科研 1 亿美元以上的机构都将科研成果进行强制的自存储[130]。

英国研究委员会 2005 年声明要求，所有接受资助的研究成果必须通过机构存储进行开发。目前，英国研究理事会全部 7 个理事会都已经采纳了强制性开放获取，表明将公共资助的科研成果向公众开放是非常必要的。2011 年英国政府表示，所有公共资金支持的科学研究成果都必须出版在开放获取期刊上[131]。

科学数据方面，美国政府在 20 世纪 90 年代初，就以"全球变化研究计划"全面整合美国在地球、环境领域的基础科学数据，实行"完全与开放"的数据共享政策。科学数据"完全与开放"的使用可以定义为在没有歧视的基础上以不超过复制和发行成本的代价无限制地使用。此后，"完全与开放"的数据共享政策就成为美国政府对公益性、基础性科学数据库共享的基本原则[36]。2002 年，NIH 制定了科学数据共享声明草案。2003 年发布了修订版《科学数据共享最终声明》，规定从 2003 年 10 月 1 日起每年申请科研经费超过 50 万美元的申请者，需要提交 1 份数据共享的计划，或者阐明无法共享数据的理由。美国国家科学基金会（National Science Foundation, NSF）通过"传播与分享研究成果"政策，要求其资助的项目在合理的时间范围内同他人分享数据、软件、发明、样品、实物收藏及配套资料；调查人员可以保持其对知识产权的合法权利，但他们也必须让其他人获得其调查结果数据和收藏。为了强化数据保存要求，NSF 实施了数据保存计划，要求在 2011 年 1 月 18 日及以后提交的项目资助协议必须包括 1 份不超过 2 页的命名为"数据保存计划"的补充文件，文件中必须描述该资助协议如何遵守 NSF 的"传播与分享研究成果"政策，大致内容包括数据类型、数据与元数据形式及内容标准、获取与分享政策、再利用规定、存储数据计划等。2011 年 12 月，为了促使 NSF 完成其数据共享使命，促进科学研究和工程实践的发展，美国国家科学基金会理事会发布了《数字研究数据共享与管理》，提出了资助而产生的数字科研数据的管理和共享的十大挑战和五项建议。

英国研究理事会（Research Councils UK，RCUK）于 2011 年制定了《数据政策的共同原则》，认为科学数据是一种长期的公共性资源，数据开放共享能为科学探索提供更多有利机会，规定参与数据开放共享的组织与研究人员拥有资助上的优先权。由于 RCUK 有 7 个独立的理事会成员，故该原则为单个研究理事会成员的数据政策制定提供了总体框架[132]。

科技报告方面，1992 年的《美国技术卓越法案》（公法编号 102-245）对《国家技术信息法案》进行了修订，规定美国联邦机构必须及时向 NTIS 提交联邦资助的研发活动产生的公开的科学和技术报告复本[133]。《美国联邦采办法规》（Federal Acquisition Regulation，FAR）也明确规定，凡承包由联邦政府资助的研究与开发项目者，都必须向联邦政府机构（NTIS）提交合格的科技报告（含该项目中形成的其他文献），这些报告的产权属于联邦政府。每个项目产生和提交科技报告的数量、类型和时限在项目承包合同书中要予以明确[134]。美国政府有关部门还制定针对本部门科技报告工作的规章制度，以明确科技报告的提交范围、方法、程序等具体要求，并将科技报告工作纳入从科研立项到项目验收的整个科研管理流程,从环节上保证科技报告产生、提交、管理和利用。一是将科技报告制度纳入相关计划、项目、合同的管理之中,确保科技报告的产生和提交。如能源部科学办公室的项目申请指南中明确规定需要提交信息的类型、数量、提交方式、单位等,并在项目合同中予以体现。二是制定专门的科技信息制度,明确科技报告的提交范围、程序、方式、安全管理及相关部门和人员的职责,以确保科技报告的安全管理和交流利用。如国防部的《美国联邦采办条例国防部补充条例》和《国防部科技信息计划实施原则和工作纲要》、能源部的《科技信息管理导则》(DOEO 241.1A)和《科技信息管理细则》(DOE G 241.1 – 1A)、航空航天局的《科技信息管理规定》(NASA NPD 2200.1)和《撰写、提交和发布 NASA 科技信息的要求》(NASA NPR 2200.2A)等文件,都详细规定了本部门科技报告的提交范围、程序和方法、发行范围、安全管理及相关人员和部门的职责等[135]。

5.3.2.2 我国相关政策分析

我国政府资助项目的成果管理方面,目前规范要求较不完善。2011年颁布《国家重点基础研究发展规划项目管理暂行办法》对科研成果管理仅要求:"重点规划项目的研究成果,包括论文、专著、专利、软件、数据库等均应标注'国家重点基础研究专项经费资助'。著作权的归属和使用按《中华人民共和国著作权法》的有关规定执行。重点规划项目形成的具有实用性的技术及项目研究过程中形成的无形资产,由承担单位代表国家行使使用权和经营权。"

2007年,以国务院令形式颁布的《国家自然科学基金条例》中要求:"基金管理机构应当将结题报告、研究成果报告和基金资助项目申请摘要予以公布,并收集公众评论意见。发表基金资助项目取得的研究成果,应当注明得到国家自然科学基金资助。"

2013 年出台的《国家科技计划科技报告管理办法》首次明确了以中央财政投入为主,由科技部组织实施的国家科技计划、专项、基金等所产生的科技报告进行汇交管理,要求:"在签订合同或计划任务书时,应根据项目(课题)的研究性质和资助强度,经签约各方共同审核后,明确项目(课题)承担单位须呈交的科技报告类型、时间节点和最低数量等,作为项目(课题)的考核指标和验收(结题)的必备条件。"

5.3.2.3 国内外相关政策对比分析

由表 5.3 可以看出,我国目前对于政府资助成果的管理政策较不完善,并相对较为滞后,对科研项目形成的学术论文、专著的管理还不完善,没有关于科学项目产生的数据管理的相关规定。科技报告的管理目前在自然科学基金和国家科技计划方面已经颁布了一些政策要求,并开始组织实施,从开始管理建设到正式形成一套有效稳定的管理、控制与服务体系还需要持续给予政策的支持。

表 5.3 中外科研项目成果信息的管理政策

	国外	中国
科研成果出版物的管理	美国:政府资助项目或科投资 1 亿美元以上的机构将科研成果进行强制的自存储;英国:所有公共资金支持的科学研究成果都必须出版在开放获取期刊上	要求重点规划项目的研究成果标注"国家重点基础研究专项经费资助";自然科学基金基要求将结题报告、研究成果报告和基金资助项目申请摘要予以公布

续表

	国外	中国
科学数据政策	美国：实行"完全与开放"的数据共享政策；英国：实行数据开放与共享的机构拥有资助上的优先权	要求重点规划项目的研究成果标注"国家重点基础研究专项经费资助"
科技报告管理政策	美国：凡承包由联邦政府资助的研究与开发项目者，都必须向联邦政府机构提交合格的科技报告（含该项目中形成的其他文献），这些报告的产权属于联邦政府	作为项目（课题）的考核指标和验收（结题）的必备条件

5.4 科技交流中的信息资源服务

5.4.1 科学数据共享与服务政策

政府资助项目是科学数据产生的重要源头，同时也有大量公共领域的科学数据散布在不同研究机构和科研人员手中，如何有效汇聚管理不同来源的科学数据，提供数据服务也是值得关注的重要问题。

5.4.1.1 国外相关政策分析

（1）科学数据的产生

随着人们对科学数据价值认识的不断深入，研究者、研究机构和政府部门纷纷强调科学数据存储、管理与共享对于科研发展和创新的重要意义,各种层面的科学数据共享发展迅速。联合国教科文组织(UNESCO)提出了"促进发展中国家科学数据共享与应用全球联盟"计划,国际科学理事会(ICSU)支持建立了两个鼓励促进全球科学数据共享的国际组织,即国际科技数据委员会(CODATA)和世界数据系统(WDS),开展一系列国际合作行动。

从《开发和推广政府公共领域信息政策指南》中可看出,共享的科学数据主要来源于两方面:一是科研资助机构的强烈要求;二是通过知识共享许可协议(Creative Commons Licenses,CC),个人研究者主动共享科学数据[136]。

按照政策制订的主体,可将科学数据共享政策划分为以下类型。

1)国际组织的政策

联合国教科文组织(UNESCO)于 2004 年发布了《开发和推广政府公共领域信息政策指南》(以下简称《UNESCO 指南》)。该指南支持研究数据和其他公共信息的开放传播,指出,公共资助的科学数据和公共领域未加保护的事实信息是基础研究的重要支柱,通过公共部门资助的科学技术信息的开放和高效获取,推进卓越研究和公共研究的有效利用[137]。此外,UNESCO 于 2007 年发布的《开发与促进开放获取的政策指南》将研究数据纳入开放获取的范围,强调科学数据同其他类型资源一样,都应免费、开放获取[138]。

经济合作与发展组织(OECD)于 2004 年发布了《公共资助科学数据存取宣言》,中国、美国、英国等 34 个国家签署了该宣言。2007 年,OECD 制定了《OECD 公共资助科学数据存取的原则和指南》,提出了 13 条原则:开放、灵活、透明、遵守法律、保护知识产权、承担责任、专业、互操作、质量、安全、效率、问责、可持续性。该指南给科学数据共享提供了实践上的可操作性指导,用于指导 OECD 成员国制定科学数据共享政策[132]。

世界数据系统(ICSU-WDS)是国际科学理事会(ICSU)的下属机构,于 2008 年 10 月在非洲莫桑比克召开的第 29 次 ICSU 全体会议中成立。制定了《WDS 数据政策》,提出 3 条科学数据共享原则:WDS 中的数据、元数据和产品交换是完全开放的;所有共享的数据、元数据和产品可以在最短的时间内以最低的成本获取;鼓励所有的数据、元数据和产品完全免费,或以不超过复制成本的费用应用到研究和教育中[139]。

欧盟委员会(EC)于 2007 年发布了《数字时代科学信息交流:存取、传播和保存》报告,对科学信息传播的原因和当前实践中的利弊进行了讨论,并为欧盟委员会勾画了一个行动计划。该报告指出,欧盟委员会鼓励大学、研究组织、研究资助机构和科学出版者彼此交流信息科学信息。该报告得到了各利益相关方的积极回应,并成为在布鲁塞尔举行的利益相关方会议讨论的主要话题[36]。

这些国际政策和指南让科学数据共享的理念得到了广泛传播,对世界各国相关法律和政策的制定有重要的指导作用,推动了科学数据共享在各国的发展。

2)国家科研资助机构的政策

美国政府在 20 世纪 90 年代初,就以"全球变化研究计划"全面整合美国在地球、环境领域的基础科学数据,实行"完全与开放"的数据共享政策。科学数据"完全与开放"的使用可以定义为在没有歧视的基础上,以不超过复制和发行成本的代价无限制地使用。此后,"完全与开放"的数据共享政策就成为美国政府对公益性、基础性科学数据库共享的基本原则[36]。美国国家科学基金会和国立卫生研究院等国家科研资助机构都出台了科学数据共享的具体政策。英国研究理事会也制定了《数据政策的共同原则》，为其下属的7个独立研究理事会成员的数据政策制定提供了总体框架。

3）著作权认证机构的政策

2005年初，知识共享组织（Creative Common）启动了"科学共享"（Science Commons，SC）项目，致力于探讨科学领域著作权认证机制问题，以促进科学家、大学与业界共同分享科学数据和知识，促使研究数据开放获取合法化。知识共享许可协议（Creative Commons Licenses，CC）是一系列向公众免费提供的作品使用许可授权声明，是一种开放存取模式[140]。

（2）科学数据共享的数据汇交

国外主要科技项目管理机构的数据汇交政策如下[141]。

1）美国航空航天局（NASA）

NASA长期开展对地观测数据的获取、分发和科学研究活动。NASA的数据共享政策是由日本、欧洲和美国国际地球观测系统（EOS）的参与者在20世纪90年代和21世纪初共同制定的[142]。该政策规定NASA所有地球科学任务、项目及资助和合作协议都应通过数据管理计划书来落实NASA的数据共享原则。在此，NASA将数据定义为包括观测数据、元数据、数据产品、信息、算法，以及科学研究源代码、模型、图像和研究结果。NASA重视数据归档的标准化管理，其在太空领域较早提出了"开放汇交信息系统参考模型"[143]。

2）美国大气海洋局（NOAA）

NOAA的数据共享政策发布于2011年10月，每年修订一次。政策要求项目在立项申请中应包含不多于2页的数据共享计划书。计划书的内容包括数据类型描述、将被共享的试验性数据、数据空间覆盖范围、数据/元数据所使用的格式标准、数据管理、保存及共享的声明和流程。项目立项后，数据共享计划书应当开放，直至环境数据向公众开放。资助产生或者衍生的环境数据和信息应该及时（通常不迟于数据生成后的 2 年）共享[144]。

3）美国国家科学基金会（NSF）

NSF 于 2011 年发布数据汇交政策。该政策反映在 NSF 章程中[145]。其核心要点是要求 2011 年 1 月以后的科研项目必须开展数据汇交。数据汇交的地点是指定的数据平台（Dyrad）[146]。NSF 强调数据汇交的及时性，要求实现在数据完成后即可汇交，多年的研究项目鼓励逐年汇交。NSF 下属的各个学部也根据 NSF 的章程细化了本学部的数据汇交政策。例如，地球科学学部要求数据在产生后的 2 年内必须汇交；那些基于 NSF 自身的观测和实验设施（如美国地球探测计划）所产生的数据要即时汇交[147]；社会、行为和经济学部则要求相关项目在结题后 1 年内完成数据汇交。有关项目在申请项目时，就需要指出其希望可能汇交的数据交到哪个公开的数据汇交中心，如美国密歇根大学的政治和社会研究大学联盟（ICPSR）等[148]。

4）美国国立卫生研究院（NIH）

NIH 于 2003 年公布数据汇交政策。规定 1 年内的经费超过 50 万美元或者 2003 年 10 月 1 日之后申请立项的项目都必须提交数据汇交和共享计划。NIH 规定数据的共享不得迟于从最后一个数据中得出的主要成果被接受之日。NIH 将为研究者提供数据归档的经费，但是需要申请者在资助申请书中提出。值得一提的是，NIH 提出 4 种数据共享的模式：①自助模式，指研究者通过给数据请求者邮寄一个包含有数据的光盘，或者将数据上传到研究机构或个人的网站上，数据提供者可通过与用户签订数据共享协议来限制用户；②数据归档模式（Data Archive），指将数据放在第三方的数据服务器上，接受更广泛的访问；③数据飞地模式（Data Enclave），是对于那些不能公开的（指出于隐私顾虑、第三方授权、禁止再传播协议、国家安全等）数据而言，在数据飞地模式上的数据只允许特定的研究者使用；④混合模式，指将数据分为若干等级，不同等级设置不同访问权限。NIH 资助的研究者可以在数据汇交时，自行选定数据共享模式[149]。

5）英国研究理事会（RCUK）

RCUK 有 7 个独立理事会，各理事会也制定了各自的数据汇交政策细则。例如，英国国家环境研究理事会（NERC）在 2011 年公布的数据汇交政策要求，所有 NERC 资助的项目必须与 NERC 数据中心合作实施数据管理计划，确保数据以规定的标准格式上传，并且提供相应的元数据，不按规定汇交的项目，将被 NERC 扣留经费。英国医学研究理事会（MRC）于 2006 年就实施数据汇交政策，要求研究者将文章发表在允许作者（或者作者所在研究机构）保留版权、能够对外开放数据的期刊上[150]。

（3）数据的保存

虽然科研资助机构都要求对数据进行保存，但对于保存期限的要求各不相同。以英国各研究理事会为例，艺术与人文研究委员会（AHRC）希望数据能保存 3 年；生物技术与生物科学研究理事会（BBSRC）及医学研究理事会（MRC）希望能保存 10 年；工程和自然科学研究理事会（EPSRC）则希望能保存至少 10 年；科学与技术设施理事会（STFC）也认为 10 年是比较合理的期限，不过应该尽可能地永久保存数据。BBSRC、ESRC、MRC、NERC、STFC 都为科研人员提供机构库来保存科学数据，ESRC、NERC、STFC 建有自己的机构库，BBSRC 和

MRC 则是 UK PubMed Central 的合作伙伴，AHRC 和 EPSRC 没有提供相关的机构库，因此受这几个机构资助的科研人员需要选择其他的机构库或学科知识库来保存其数据[151]。

（4）科学数据的共享服务

从服务方式来看，以英国研究理事会为例，提供完整的数据服务的科研资助机构很少，只有 ESRC 和 NERC 建有自己的数据中心，它们分别通过经济与社会数据服务部门、NERC 环境数据中心提供综合的数据服务。而 AHRC 则通过考古数据服务部门提供数据支持服务，STFC 也通过英国太阳能系统数据中心及地图数据站提供数据服务[151]。

从服务权限上来看，以美国 NIH 为例，并不是所有科学数据都向公众公开，而是 NIH 资助的研究者在数据汇交时就自行选定数据共享模式（自助模式、归档模式、飞地模式、混合模式）。归档模式的数据是放置于共享平台上，便于用户广泛访问。顾名思义，自助模式是数据提供者直接将数据提供给用户，通过与用户签订数据共享协议来限制用户。飞地模式是指不能公开的数据只允许特定的研究者使用。混合模式是将数据分为若干等级，不同等级设置不同访问权限[151]。

5.4.1.2　我国相关政策分析

（1）科学数据的总体管理

2004 年 7 月，科技部、国家发改委、教育部、财政部联合制定并发布《2004—2010 年国家科技基础条件平台建设纲要》（以下简称《纲要》），为平台建设的整体推进做出了统一部署[76]。在《纲要》的指导下，政府各部门也非常重视科学数据的管理与共享，编制了"科学数据共享工程建设规划"，制定了《科学数据共享条例（建议稿）》《国家科技计划项目科学数据汇交暂行办法（草案）》《国家重点基础发展计划资源环境领域项目数据汇交暂行办法》《科学数据共享工程管理办法》《科学数据共享工程试点遴选和检查评估办法》《科学数据分类分级共享及其发布策略》等一系列数据共享的政策法规。《科学数据共享条例（建议稿）》包含8个章节，即总则、科学数据共享管理、科学数据汇交、科学数据共享服务、科学数据使用、科学数据共享保障、法律责任、附则，这对保障科学数据共享的顺利进行，使共享管理走向法制化轨道，具有重要的意义[153]。

（2）科学数据共享的数据汇交、保存

2008年3月，科技部制定了《国家重点基础发展计划（973计划）资源环境领域项目数据汇交暂行办法》（以下简称《办法》），内容包括数据汇交的组织管理、汇交内容、数据汇交计划、数据汇交流程、数据管理、权益保护、监督与信用管理等。《办法》规定要建立数据汇交管理机构，即数据汇交中心。该中心将在科技部的领导下，具体负责数据的接收、归档、管理和共享服务。2009年，科技部依托于资源与环境信息系统国家重点实验室成立了"973计划资源环境领域项目数据汇交管理中心"。中国科学院地理科学与资源研究所则承担数据汇交的具体工作。

汇交的数据内容包括项目新增原始数据、研究分析数据及应用软件等，汇交的数据集应有元数据和数据说明。在汇交方式上，要求汇交的项目数据以数字化形式提交，数据标准按数据汇交中心规定的标准执行。《办法》同时确立了数据汇交的工作流程，具体包括4个阶段，即数据汇交计划制定阶段、数据汇交准备阶段、数据汇交阶段和数据管理与共享服务阶段；并且对汇交数据进行分类、分级存储和管理，确保项目数据的物理安全，不得擅自修改和删除汇交的项目数据。项目数据可设置保护期，其中保护期内的项目数据仅供项目和课题承担单位及其授权范围内的用户访问和使用。保护期结束后,数据汇交中心以在线、离线等方式分期、分批向全社会提供数据共享服务。用户利用汇交数据产生的研究成果须注明数据源[152]。

(3)科学数据的共享服务

2009年9月,中国科技资源共享网(http://www.escience.gov.cn)正式开通,是科技部、财政部推动建设的国家科技基础条件平台门户网站,其宗旨是充分运用现代技术,推动科技资源共享,促进全社会科技资源优化配置和高效利用,提高我国科技创新能力。该网由国家科技基础条件平台中心管理,建设、运行、维护单位为国家科技基础条件平台信息技术中心。为广大科技人员和社会公众提供科技资源信息检索与导航、科技资源可视化展示、专题信息服务。主要提供4个服务功能:①跨平台、跨领域的异构数据库的导航检索;②专业化科技搜索引擎;③专题服务;④对科技资源建设和服务情况的评估监测。该网站的科技资源包括大型科学仪器设备、自然科技资源、科学数据、野外观测站、科普资源、科学文献、科技成果转化等。目前,科学数据共享资源覆盖了人口健康科学数据(7大类数据,515个数据集)、地球系统科学数据(11大类数据,1851个数据集)、林业科学数据(8大类数据,2793个数据集)、气象科学数据(14大类数据,185个数据集)、农业数据(12大类数据,731个数据集)、地震数据(1个大类数据、51个数据集)、基础科学数据(59大类数据,422个数据集)、水文科学数据(6大类数据,5个数据集)、材料科学数据(13大类数据,236个数据集)9个领域[154]。

除了中国科技资源共享网之外,其他建成的科学数据共享平台主要有以下几个:国家地球系统科学数据共享平台(http://www.geodata.cn)、国家地震科学数据共享中心(http:

//data.earthquake.cn）、国家农业科学数据共享中心（http：//www.agridata.cn）、中国林业科学数据中心（http：//www.cfsdc.org）、中国气象数据网（http：//data.cma.cn）、国家人口与健康科学数据共享平台（http：//www.ncmi.cn）、交通运输科技信息资源共享平台（http：//www.transdata.cn）、先进制造与自动化科学数据共享平台（http：//www.amadata.net.cn）。

就科学数据共享平台的服务权限而言，并不是所有数据都向公众及时开放。根据实际需要，数据以在线、离线等方式分期、分批向全社会提供数据共享服务。

5.4.1.3 国内外相关政策对比分析

（1）科学数据共享政策的产生

国外发达国家的政府部门和科研资助机构制定了相应的研究数据政策，如美国国家科学基金会制定的《传播与分享研究成果》《数字研究数据共享与管理》政策。我国科学数据共享的开展稍晚于发达国家，制定的相关政策还不够完善，有些还处于建议稿和暂行办法的阶段，如《科学数据共享条例（建议稿）》《国家重点基础发展计划（973计划）资源环境领域项目数据汇交暂行办法》，缺少相应的法律效力，限制了科学数据的广泛共享。另外，我国的科研资助机构——国家自然科学基金委员会、全国哲学社会科学规划办公室、教育部人文社会科学研究项目和国家科技计划项目申请指南，均没有要求申请者提交科学数据管理计划的相关规定。这使得我国科研人员缺乏科学数据保存与管理的意识，科研过程中产生的大量科学数据得不到有效管理和保存，从而影响科学数据共享的实现效果[37]。

（2）科学数据共享的数据汇交、保存

美国航空航天局（NASA）、大气海洋局（NOAA）、国家科学基金会（NSF）、国立卫生研究院（NIH）等多个机构及英国研究理事会下属的7个独立理事会都已经制定了包含数据汇交的共享政策。当前，我国科技计划项目数据汇交还以科技部的推动为主，并颁布了《国家重点基础发展计划（973计划）资源环境领域项目数据汇交暂行办法》，还迫切需要深入开展各个行业部门、学科领域数据汇交。

从科学数据汇交计划的时间要求及数据汇交的时间上来看，国内外的做法目前有一定的差异。首先，在数据汇交计划的时间方面有所不同。我国973计划资源环境领域项目数据汇交计划要求包含在项目立项后的任务书中，把数据汇交作为终点，注重过程管理；而美国NSF把数据汇交作为项目管理的起点，即在项目申请立项阶段就需要提交不超过2页的数据汇交计划，该计划与项目研究内容同步接受审批，这种模式更有助于研究者深入、同步执行数据汇交计划。其次，数据汇交的时间要求上也不相同。我国973计划资源环境领域项目数据汇交时间要求在项目验收前2个月向数据汇交中心汇交数据，这种做法便于项目管理、操作简单，但由于项目实施存在一定的周期，其项目一开始采集的数据可能在5年项目结束时才汇交，不利于数据的及时共享；国外的一些汇交做法是考虑到数据的时效性，如美国NSF要求在数据完成后即汇交，多年的研究项目鼓励逐年汇交[141]。

（3）科学数据的共享服务

我国的科学数据共享平台建设起步较晚，作为国家科技基础条件平台门户网站的中国科技资源共享网于2009年正式开通，该网包含科学数据共享资源，覆盖了人口健康科学数据、地球系统科学数据、林业科学数据、气象科学数据、农业数据、地震数据、基础科学数据、水文科学数据、材料科学数据9个领域。

但有些科学数据收集的还不够丰富，如基础科学数据涵盖 59 大类数据，但是只包含了 422 个数据集；水文科学数据更甚，涵盖 6 大类数据，但仅有 5 个数据集。

关于共享平台的服务权限设置，国内外的做法都是设置了不同等级的权限。国外（如美国 NIH）是针对不能公开的数据（出于隐私顾虑、第三方授权、禁止再传播协议、国家安全等），只允许特定的研究者使用；我国则是对于在保护期内的数据仅供项目和课题承担单位及其授权范围内的用户访问和使用，待保护期结束后，这部分数据才向全社会提供数据共享服务。

5.4.2 STM 出版政策

在整个出版政策体系中，法律法规、税收政策、财政补贴政策、外贸政策对于科技出版的发展有着至关重要的影响。

5.4.2.1 国外相关政策分析

美国是世界出版大国之一，其关于科技出版方面的政策具有一定的代表性。

（1）法律法规

在美国，涉及出版的专业法规并不多，主要有《宪法》第一修正案和《版权法》。美国《宪法》第一修正案于 1791 年实施，规定："国会不得制定法律确立宗教或禁止信教自由，剥夺人民言论或出版自由，剥夺人民和平集会并向政府申诉请愿的权利。"非但如此，该修正案还限制了政府在无正当急迫理由的情况下，因个人曾发表意见或撰文的行为而事后处罚的权利[155]。这成为美国出版界维护出版自由的最基本和最有力的武器。美国政府于 1790 年通过《版权法》，这是第一部联邦版权法。此前，有些州已经颁布本州版权法,没有版权法的州,则以普通法为版权提供保护。现行的版权法被称为《新千年数字版权法案》,于 1998 年 10 月 28 日生效并承认了世界知识产权组织(WIPO)所制定的《1996 版权条约》[156]。美国版权法的特点是较典型地从保护版权人的利益出发,而不是从保护作者权出发。

美国对创办出版社的管理比较松散,在各地都可以登记成立出版社、出版公司。只要到经济管理部门登记,遵守税务及工商管理方面的有关规定即可,不需要获得国家的许可,也无须向政府部门申报。对于期刊,只需要申请一个国际标准刊号即可,申请手续可以在网上进行,而且是免费的。与此同时,去注册一个商业公司,执照一般 3 天可以拿到。有刊号,就可以出版期刊;有营业执照,就可以经营期刊[157]。

(2)税收政策

税收是美国政府管理出版业的重要手段,政府对出版业实行税收鼓励政策,没有征收增值税。美国的出版机构按经营情况可以分为营利性和非营利性两大类。营利性出版机构又称为商业出版机构,非营利性出版机构包括大学出版社、社团和协会出版社及政府出版部门等。对营利性出版机构,美国联邦政府按利润征收所得税,税率为 15%~34%,部分州对营利性出版机构征收所得税,税率不高于 12%。对非营利性出版机构,联邦政府不仅不征税,还有许多资助。联邦政府对出版物不征产品销售税,州政府对出版物征收零售销售税,税率一般为 3%~7.5%。许多县市还对图书征收 3%~7.5% 的附加销售税[157]。

(3)财政补贴和资助政策

美国政府对出版的资助大体分为两类:①直接资助,即政府有关部门直接拨款给出版社、期刊社及政府有关出版部门,如美国政府印刷局等,甚至还可以与期刊社签订长期的资助合同。直接资助的受益者主要是非营利性出版机构。②间接资助，即政府有关部门通过对科学研究、学校、图书馆的资助来间接资助出版业。间接资助的受益者不仅包括非营利性出版机构，也包括商业出版机构。除了政府的资助之外，美国对出版业的资助和补贴还有一部分是以基金的形式进行的，他们通过基金对出版业提供直接和间接资助，如美国国家科学基金会、国家人文基金会、梅隆基金会、福特基金会等[157]。

（4）外贸政策

美国政府的"出版物翻译计划"通过资助图书出口的项目和计划，帮助国外书商翻译和出版本国图书，同时还与美国出版商协会密切合作，积极鼓励和资助美国出版业参与国际图书博览会[158]。

5.4.2.2 我国相关政策分析

（1）法律法规政策

目前，我国与科技出版相关的法规政策有全国人大制定并颁布的《中华人民共和国著作权法》《中华人民共和国著作权法实施条例》，国务院颁布的《出版管理条例》等[159]。

关于期刊出版的相关法规，可追溯到1951年12月21日政务院颁布《期刊登记暂行办法》，从此确定了我国科技期刊执行审批制的原则。至今，我国政府先后颁布了与科技期刊出版有关的政策、法规200余件，其中直接与科技期刊有关的100余件[160]。

2005年9月，新闻出版总署颁布《报纸出版管理规定》和《期刊出版管理规定》，并于12月1日起实施。明确规定了报刊出版管理的4项重要制度，即报刊出版事后审读制度、报刊出版质量评估制度、报刊出版年度核验制度和从业人员资格管理制度；加强对报刊出版内容、导向和过程的管理，对中央重视和社会关注的热点、难点问题做出明确规定；对报刊出版退出机制做出了具体规定；明确界定了报刊和报刊出版单位的概念，修改、完善了报刊出版许可制度；明确规定报刊出版管理的属地原则，完善报刊出版管理的行政措施，健全法律责任制度，强化新闻出版行政机关报刊出版管理效能。这些规定对期刊出版起到了很好的规范、保障和促进作用[161]。

（2）税收政策

我国对科技出版通常没有特别的税收鼓励政策。但是，对于个别特殊领域的报纸和期刊实行一定的税收优惠政策。2013年12月发布的《关于延续宣传文化增值税和营业税优惠政策的通知》（财税〔2013〕87号）中规定，对多种出版物的出版、发行业务实行免征增值税或对增值税进行先征后退的税收政策。对中国共产党和各民主党派的各级组织的机关报纸和机关期刊，专为少年儿童出版发行的报纸和期刊，中小学的学生课本，专为老年人出版发行的报纸和期刊，少数民族文字出版物，盲文图书和盲文期刊等出版物在出版环节执行增值税100%先征后退的政策；并且免征图书批发、零售环节增值税[162]。

（3）财政补贴和资助政策

我国政府也在财政补贴方面对出版业给予了一贯的支持，尤其是精品科技期刊工程项目已成为国内对科技期刊支持力度最大的支撑项目。2006年8月，中国科协首次发布《关于2006年中国科协精品科技期刊工程资助项目的通知》[163]。2007年6月，中国科协印发《中国科协精品科技期刊工程项目资助实施办法》（科协办发学字〔2017〕24号），共设立3类资助项目，分别为培育国际知名期刊（A类）、培育国内领先期刊（B类）、培育精品后备期刊（C类）项目[164]。2006—2008年累计资助项目317项（次），获资助期刊 147 种，资金 3115 万元[165]。2009 年精品科技期刊工程进入第二个项目周期，除原有的精品科技期刊示范项目外，增加英文版期刊国际推广项目 7 个，每项资助 8 万元/年[166]。中国科协 2013 年继续实施精品科技期刊工程，同时新增期刊学术质量提升项目 40 项、期刊出版人才培育项目 22 项[167]。此外，在发展民族文字出版方面也有一些举措。2007 年 10 月，新闻出版总署、财政部印发《民族文字出版专项资金管理暂行办法》[168]。2010 年 5 月，新闻出版总署、财政部印发《民族文字出版专项资金资助项目管理暂行办法》，建立了民族文字出版专项资金，专门用于对少数民族文字图书的出版进行补贴[169]。

（4）外贸政策

中国出版业长期处于计划经济体制下，市场活力不强，为了保证出版业在加入世贸组织后的持续发展，中国政府也制定了一系列的政策措施。在 2001 年修订的《出版管理条例》中，明确规定了出版物进口管理制度，对出版物进口单位应具备的条件和审批程序、进口出版物的内容等做出了详细规定，指出出版物进口单位必须是国有独资企业[170]。根据 2005 年的《关于文化领域引进外资的若干意见》[171]与《外商投资产业指导目录（2011 年修订）》[172]的政策规定，外商被禁止投资从事书报刊的出版、总发行和进口业务。

2006 年起，国务院新闻办公室和新闻出版总署联合推动的"中国图书对外推广计划"开始实施，该计划通过资助翻译费及出版推广费用，有效地推动了中国图书"走出去"，取得了显著的成绩[173]。2009 年 4 月，商务部、文化部、国家广播电影电视总局、国家新闻出版总署、中国进出口银行还联合发表了关于金融支持文化出口的指导意见，对书刊的出口实行财政补贴[174]。

(5)技术促进政策

在我国政府的科技规划和文化领域的发展规划中，多次提出面向出版的技术促进政策。《中国国民经济和社会发展第十一个五年规划纲要》《国家中长期科学和技术发展规划纲要（2006—2020年）》和《国家"十一五"文化发展规划纲要》，都强调要"加快传统出版发行业向现代出版发行业的转换，积极发展电子书、手持阅读终端报刊、网络出版物等新兴业态。发展手持阅读终端网站、手持阅读终端报刊、IP电视、移动数字电视、网络广播、网络电视等新兴的传播载体"。"以国家重点工程建设带动新闻出版业发展"是新闻出版业"十一五"期间的发展战略重点之一，而"国家数字复合出版系统工程"被称为"十一五"期间数字出版领域的一号工程[175]。2009年，国务院发布《文化产业振兴规划》，把发展数字出版、电子阅读提上重要日程。为贯彻落实该规划，新闻出版总署于2009年发布《关于建设新闻出版业发展项目库的通知》，入库项目范围包括重大课题攻关项目、重大新闻出版公共服务项目、重大产业发展项目、重大科学技术项目、重大基地建设项目等。对于申请成功入库的项目均列为中央文化产业发展专项资金支持重点[176]。

5.4.2.3 国内外相关政策对比分析

(1)法律法规政策

在STM出版政策方面，美国对创办出版社的管理比较松散，只要到经济管理部门登记，遵守税务及工商管理方面的有关规定，就可以登记成立出版社、出版公司。对于期刊而言，只需同时申请一个国际标准刊号即可。而我国对于期刊出版的管理相对严格。在《报纸出版管理规定》和《期刊出版管理规定》中,明确规定了报刊出版管理的4项重要制度:报刊出版事后审读制度、报刊出版质量评估制度、报刊出版年度核验制度和从业人员资格管理制度。

(2)税收政策

国内外在税收政策上对出版业实行鼓励、扶持政策,但在扶持力度上有所不同。美国政府对出版业免征增值税。我国政府对科技出版通常没有特别的税收鼓励政策,但对个别特殊领域(少年儿童出版物等)出版物的出版、发行业务实行免征增值税或对增值税进行先征后退的税收政策,同时免征图书批发、零售环节增值税。

(3)财政补贴和资助政策

美国对出版业的补贴和资助形式多样,分为政府补贴和基金会资助。美国政府通过直接资助(针对非营利性出版机构)和间接资助(针对非营利性和商业出版机构)的形式来资助出版机构。此外,还通过多种类型的基金会给出版业提供直接和间接的资助。我国政府也在财政补贴和资助方面对出版业给予了支持。"中国科协精品科技期刊工程"现已成为国内对科技期刊支持力度最大的支撑项目。此外,对少数民族文字图书的出版也有专项资金进行补贴。

(4)外贸政策

国外出版商协会在促进图书出口方面发挥着重要的桥梁与平台作用,美国出版商协会的国际部有效推动了图书出口。而在中国,行业协会及社会力量的作用没能充分发挥,资助手段较单一,大多由政府直接进行补贴。另外,由于中国对外图书推广计划相对开始较晚,在推广手段及运作模式上还未成熟。

5.4.3 科技报告政策

科技报告产生于 20 世纪初,是描述科研活动的过程、进展和结果,并按照规定格式编写的科技文献,目的是促进科技知识的积累、传播交流和转化应用,同期刊论文、会议论文、标准、专利等一样,是国家科技文献信息资源保障体系的重要组成部分。科技报告是国家基础性、战略性科技资源,是国家科技实力的重要体现[39]。

5.4.3.1 国外相关政策分析

目前,世界上主要发达国家都建立了完善的技术报告体系,积累了国家科研项目的完整资料,并有条件地向公众开放共享。其中,最为著名同时也是规模最大、利用率最高的要数美国政府的四大报告,即国防部 AD 报告、商务部 PB 报告、航空航天局 NASA 报告和能源部 DE 报告。这四大报告体系每年能够产生科技报告 60 多万件,占全世界科技报告总量的 80% 左右[177]。

美国政府科技报告工作是从 1945 年美国总统的第 9568 号令开始有组织进行的[178],并逐步形成相对完善的政策法规体系,科技报告的生产、提交、管理和安全使用等都严格遵循美国联邦政府和有关部门的政策法规来进行。这些政策法规并不是单独存在,而是分散于科研管理、信息资源管理等相关的法规制度之中[135]。

(1)科技报告管理机构

首先,依法赋予科技报告收集、保存和传播单位应有的职权。如国家技术信息服务局(National Technical Information Service,NTIS),基本职权是运行一个永久的科学和技术信息交流中心,该职权是由《研究与技术服务法案》(公法编号 81-776,美国法典编号 15 U.S.C. 1151-1157)赋予的,该法案还授予 NTIS 对其产品和服务收取费用,并在可行的范围内补偿所有成本的权力[179];1988年的《国家技术信息法案》又重申了该职权,赋予NTIS进行合资的权利,并明确规定NTIS是美国科学、技术及工程信息的收集、处理和传播中心,该职能将永久保留,未经国会批准不能撤销或私有化[180]。

(2)科技报告的提交

上文已经提到,美国政府的《美国技术卓越法案》《美国联邦采办法规》及有关部门的规章制度中均已明确提出了科技报告的提交管理制度,此处不再重复阐述。

(3)科技报告的传播和利用

《美国联邦采办法规》规定,政府机构要在考虑国家安全、数据保护、新技术传播政策等有关规定的同时,使研发合同的成果向其他政府机构和私营部门开放[134]。《美国技术卓越法案》要求NTIS开发新的电子方式和媒介来更好地传播这些技术报告和有关科技信息[133]。为了使NTIS适应新的形势,更好地开展服务,1993年的《商务、司法、州拨款法案》(公法102-395)为NTIS设立了周转资金,并授权NTIS不必经国会再一次批准就可以使用这笔资金。此外,美国法典第15卷第1526章还授权NTIS可以接受为其他机构服务的预付款[181]。

美国政府科技报告实行分类分级交流服务模式,在方式上大致划分为公开科技报告的交流使用、受限科技报告的交流使用和保密科技报告的交流使用。美国采用多种方式提供公开科技报告的交流使用,例如,国家技术信息服务局通过交换收藏其他国家政府及研究单位的科技报告扩大收藏范围,各部门信息中心通过本系统网站提供科技报告服务等。而受限科技报告则只对本部门和其他政府机构人员及其合同户提供服务。科技报告收藏机构配合科研管理部门对使用者身份、使用权限进行审批和审查，并通过 IP 地址、密码控制等方式进行管理。保密科技报告则是通过专门的渠道进行集中管理和服务，如能源部保密科技报告通过专门的能源保密信息管理系统提供服务[182]。

5.4.3.2 我国相关政策分析

钱学森等多位科学家从 20 世纪 60 年代起就呼吁建立我们自己的国家科技报告体系，我国的国防科技报告体系建立于 20 世纪 80 年代，已进入制度化、规范化发展阶段，实现了在国防系统内部的交流利用。而其他部门的科技报告体系的建立相对滞后[183]。

2012 年 7 月，党中央、国务院召开了全国科技创新大会，印发了《关于深化科技体制改革加快国家创新体系建设的意见》（中发〔2012〕6 号），明确提出加快建立统一的科技报告制度[184]。2013 年 10 月 11 日，科技部印发《国家科技计划科技报告管理办法》（国科发计〔2013〕613 号，以下简称《办法》），包括总则、职责分工、工作流程、开放共享与权益保护、保障条件、附则六大项，涵盖了科技报告管理机构的职责、科技报告的提交、科技报告的传播和利用 3 方面内容。

（1）科技报告管理机构的职责

《办法》明确指出科技部负责国家科技计划科技报告工作的总体部署和统筹协调，研究制定相关政策，推进科技报告开放共享。中国科学技术信息研究所负责国家科技计划科技报告的接收、保存、管理和服务。

（2）科技报告的提交

《办法》针对以中央财政投入为主，由科技部组织实施的国家科技计划、专项、基金及国家科技重大专项和国家科技奖励的科技报告工作。要求签订合同或计划任务书时，应根据项目

（课题）的研究性质和资助强度，经签约各方共同审核后，明确项目（课题）承担单位须呈交的科技报告类型、时间节点和最低数量等，标注使用级别，或提出密级建议，作为项目（课题）的考核指标和验收（结题）的必备条件。科技部相关业务司局和中心应在项目（课题）过程管理中同步检查科技报告任务完成情况，对涉密项目（课题）科技报告的密级和保密期限建议进行审核，及时做好定密工作。中国科学技术信息研究所对收集的科技报告进行统一编码、分类编目、主题标引和全文保存，并定期对各计划科技报告任务完成情况进行统计分析。

（3）科技报告的传播和利用

《办法》要求科技报告按照"分类管理、受控使用"的原则向社会开放共享。"公开"和"延期公开"科技报告摘要向社会公众提供检索查询服务；"公开"科技报告全文向实名注册用户提供在线浏览和推送服务；"延期公开"科技报告全文实行专门管理和受控使用；涉密项目（课题）的科技报告严格按照国家相关保密规定进行管理。中国科学技术信息研究所按照国家相关保密规定强化科技报告的安全管理，严格执行科技报告的延期公开时限，实时跟踪科技报告的使用日志，统计并发布科技报告共享使用情况。

从2013年4月开始，科技部在国家科技计划中启动了科技报告试点，开展"十一五"以来科技计划立项项目（课题）的科技报告回溯与呈交工作。国家科技投入形成的科技报告将通过"国家科技报告服务系统"对广大科研人员和社会公众实行开放共享。该系统由中国科学技术信息研究所进行建设和管理。"国家科技报告服务系统"征求意见版（第一阶段）于2013年11月1日正式上线，展示了1000份最终报告，2014年1月1日上线的征求意见版（第二阶段）展示了3000份科技报告，也是依据"十一五"期间已验收（课题）项目的验收报告加工而成。该版本改进了服务界面，增加了服务功能。系统针对不同的用户群体（社会公众、专业人员、管理人员、决策支持），分 4 种类型进行服务。向社会公众无偿提供科技报告摘要浏览服务（不需注册），向专业人员提供在线全文浏览服务（需实名注册并登录），向各级科研管理人员提供面向科研管理的统计分析服务（需通过科研管理部门批准注册后登录），向政府部门提供决策支持服务（还在建设中，需通过管理部门批准注册）[185]。

5.4.3.3 国内外相关政策对比分析

美国政府科技报告工作是从 1945 年开始有组织进行的，并逐步形成相对完善的政策法规体系。美国政府的多个部门也制定了各部门具体的规章制度，如国防部、能源部、航空航天局等。而我国科技报告制度的建立相对滞后。2012 年 7 月，党中央、国务院在《关于深化科技体制改革加快国家创新体系建设的意见》（中发〔2012〕6 号）中，明确提出加快建立统一的科技报告制度。科技部于 2013 年 10 月 11 日印发《国家科技计划科技报告管理办法》。迄今为止，只有科技部出台了这一正式政策性的文件。

从科技报告的提交、管理来看，中美两国比较相似，都是将科技报告制度纳入相关计划、项目、合同的管理之中，确保科技报告的产生和提交；同时也都明确了科技报告的提交范围、程序、方式、安全管理及相关部门的职责分工，以确保科技报告的安全管理和交流利用。

从科技报告的传播和利用来看，美国政府和我国的科技报告都在一定程度上实行分类分级共享服务模式，只是具体分类上略有不同。美国的科技报告大致划分为公开、受限和保密报告。我国的科技报告分为公开、延期公开、涉密报告。两国在公开科技报告上的服务方式是一致的,向社会公众提供共享服务。保密科技报告都是通过专门的渠道进行集中管理和服务。而美国的受限科技报告是只对本部门和其他政府机构人员及其合同用户提供服务,我国的延期公开科技报告实行专门管理和受控使用,到达延期公开时限之后再向公众开放。

5.4.4 其他科技成果交流政策

从科技成果的产生者到科技成果的信息接受者之间存在着信息公开共享的不同程度与不同方式。其他科技成果包含专利、学位论文、会议论文等不同类型的著作文献,科技成果的国内外公开、共享与交流是实现科技成果转化的重要途径。

5.4.4.1 专利信息的交流政策

(1)国外相关政策分析

专利信息的公开:专利信息作为全球信息的一部分,在全球信息都受到信息技术革命的影响下,专利信息的公开和传播必然受到很大的影响。欧洲专利局(EPO)在1988年决定采取措施提高公众对专利信息的利用程度。采用先进技术出版专利信息,积极收集各国专利文献,开发专利摘要的机器可读英文数据库,扩大EPO数据库容量等。2007年,EPO对执行了20年的专利信息政策进行了修订,强调专利数据完整、更新及时、机器可读、免授权和来自原始数据的同时,突出无障碍获取专利数据的理念,2011年还推出专利信息公开新方式,即EPO开放数据平台 data.epo.org。

专利信息的利用:美国专利商标局(USPTO)通过专利商标资源中心(Patent and Trademark Resource Center, PTRC)的各图书馆提供专利商标数据、给予财政支持及人员培训服务等方式,已将其发展成为遍布全国的专利商标信息公共服务网络。目前,USPTO 在美国 50 个州建立了 81 个专利商标储备图书馆。

工业产权数字图书馆(Industrial Property DigitaL Library,IPDL)是日本专利局(JPO)于 1993 年 3 月建立的专利信息服务平台,是 JPO 向社会公众提供专利信息服务的主要渠道之一。该系统包含 7000 余万条知识产权信息,供公众免费检索[186]。

(2)我国相关政策分析

我国开展专利信息公共服务的网络平台主要是国家知识产权局政府网站,此网站提供专利检索与服务系统(公众部分),此系统收录了 103 个国家、地区和组织的专利数据,其中涵盖了中国、美国、日本、韩国、英国、法国、德国、瑞士、俄罗斯、欧洲专利局和世界知识产权组织。

(3)国内外相关政策对比分析

美国、欧洲和日本的专利信息网络化公开程度较高,实现了网络化覆盖,数字化资源丰富,服务实现多样化。目前国内专利信息的公开服务内容不够丰富,深层次服务不足,资源建设缺乏统筹规划,服务的个性化有待提高[187]。

5.4.4.2 学位论文的交流政策

(1)国外相关政策分析

1)学位论文著作权的归属

由于美国大学都有学位论文开发利用的原则规定和明确的学位论文著作权归属原则,在协助本校学位论文全文的商业开发基础上,真正提高了学位论文的出版效率,加速了研究生研究成果的利用。例如,麻省理工学院(Massachusette Institute of Technology,MIT)在其《2007—2008 学位论文准备规定》中规定,当学生拥有著作权时，作为学位授予的条件，学生必须同意学院免费复制和公开传播论文的拷贝[188]。

2）学位论文的汇交

日本的缴纳制度为学位论文的收藏工作起到了保障作用。日本的《学位规则》（1954年4月1日文部省第9号）第九条中规定，获得博士学位人员必须在获得学位授予1年之内，将论文印刷发表。大部分博士学位授予人都选择了将自己论文由学校统一送到日本国会馆的方式来发表[189]。

3）学位论文的服务方式

美国大学图书馆对学位论文的开发利用起步较早，美国大学认为学位论文的馆际互借不会损害著作权人的合法利益，对外提供学位论文服务。对本校读者提供外借和免费下载服务，对非本校读者提供馆际互借服务，还通过NDLTD平台提供学位论文全文开放存取利用。美国著名的商业学位论文出版公司UMI（ProQuest的子公司）提供的"currentResearch@"在线服务站点，可自由检索、访问，免费下载自己机构的博硕士论文，ProQuest几乎收集了北美所有高校的博士论文。

（2）我国相关政策分析

1）学位论文的著作权归属

目前，国内学位论文的著作权归属于学生本人，但国内大学多数要求学生在答辩的同时必须签订著作权转让书，将著作权转让给学校才能完成答辩。

2）学位论文的汇交

继1981年《中华人民共和国学位条例实施办法》实施后，国务院学位办于1983年、1984年和1986年相继发文，要求将已通过答辩的博士和硕士学位论文及摘要按类别报送，自然科学类寄送中国科学技术情报研究所（现为中国科学技术信息研究所,下同),社会科学类寄送中国社会科学院文献情报中心,博士论文寄送北京图书馆。1988年,国家科委、国家教委和中国社会科学院又联合发布《关于报送留学生学位论文的通知》,确定凡出国留学取得硕士、博士学位,必须向国家报送学位论文副本,责成中国科学技术情报研究所、中国社会科学院文献情报中心收藏。随着国家教育科研水平的提高、博士后流动站的增加,1998年博士后管理委员会原则同意中国科学技术信息研究所收藏博士后研究报告,此外国务院学位办还规定学位论文需分别缴送本单位图书馆、资料室或档案室保存。经过几十年的积累,国家法定的3家学位论文收藏机构已经形成了具有相当规模、相对系统完整、具有一定权威性的学位论文收藏体系。我国形成了硕士、博士、博士后多层次结构,具有相当规模、学科门类大体齐全的国家学位论文收藏体系[190]。随着网络和计算机应用的普及,2000年以来,一些重点高校和科研单位为保证研究生学位论文质量,加强研究生学位论文交流,在继续注意收藏纸本论文的同时,加强了对电子版学位论文的收藏,采用网上远程提交方式。

3)学位论文的服务方式

我国目前学位论文服务有国家图书馆公益性服务、大学内部馆藏服务和数据库厂商主导的商业化服务3类。国家图书馆作为博士论文的法定馆藏单位,目前通过提供约30万册博士论文服务,但仅提供前24页在线浏览,不提供电子版打印下载服务[191]。大学建立的内部学位论文馆藏服务多要求内部访问,同时提供馆际互借服务,如厦门大学博硕士论文数据库[192]、清华大学学位论文服务系统[193]等。商业数据库厂商,如万方数据和同方知网都与各高校合作,收集全国各高校的硕博士论文,提供商业化服务。

(3) 国内外相关政策对比分析

对比国内外学位论文的交流政策（表 5.4），从政策要求来看，目前国外的学位论文公开程度明显高于国内，多数国家高校自行提供了学位论文公开传播，英、美等国还建立了国家级学位论文联合目录平台，大部分实施开放共享。我国在法定馆藏单位共享服务、学位授予单位自身的共享服务方面相对较弱，商业性数据库收录的范围和服务范围也明显较强。

表 5.4 国内外学位论文的交流政策

	国外	国内
著作权归属	麻省理工学院：当学生拥有著作权时，作为学位授予的条件，学生必须同意学院免费复制和公开传播论文的拷贝	国内学位论文的著作权属于学生本人，但国内大学多数要求学生在答辩的同时必须签订著作权转让书，将著作权转让给学校才能完成答辩，属于强制性的签署
汇交	日本：获得博士学位人员必须在获得学位授予 1 年之内，将论文印刷发表	《中华人民共和国学位条例实施办法》要求，已通过答辩的博士和硕士学位论文和摘要按类别报送
服务方式	美国：对本校读者提供外借和免费下载服务，对非本校读者提供馆际互借服务，还通过 NDLTD 平台提供学位论文全文开放存取利用	国家图书馆公益性服务、大学内部馆藏服务和数据库厂商主导的商业化服务

5.4.4.3 会议论文的交流政策

(1) 国外相关政策分析

国外会议论文集本身可以作为图书或期刊进行出版，进一步由商业数据库汇总。美国《科技会议录索引》(Index to Scientific & Technical Proceedings, ISTP)创刊于1978年,由美国科学情报研究所(ISI,现为汤森路透集团,Thomson Reuters)出版,现已更名为会议论文引文索引(Conference Proceedings Citation Index, CPCI),是当今世界上规模较大的一种综合性科技会议文献的重要检索刊物。ISTP报道全世界50多个国家和地区召开的国际性学术会议文献,主要收录以图书和期刊两种形式出版的会议录。本会议索引收录生命科学、物理化学、农业生物和环境科学、工程技术、管理信息、教育发展、社科人文和应用科学等学科的会议文献,包括一般性会议、座谈会、研究会、讨论会、发表会等。其中工程技术与应用科学类文献约占35%,其他专业学科约占65%。ISTP是全球三大检索系统(SCI、EI、ISTP)之一。

会议论文领域也存在不少开放获取系统,国外实行学术会议文献的开放出版系统有 BMC Proceedings、JPCS、EPTCS、EPJ Web of Conferences、PoS、Atlantis Press 等。CC协议提倡对知识创造成果的合法分享、使用和演绎,使得版权声明越来越倾向于"部分版权保留",版权在法律的框架下变得更加灵活。BMC Proceedings 中论文的版权归作者所有,且在BMC版权和许可协议范围内,作者可以授权第三方使用、再加工或传播其作品的权利;EPTCS规定版权归作者所有,并给了作者几个方案:选择CC协议中的不同条款,或者选择将作品归入公共领域;PoS、Atlantis Press、Web of Conferences 都由作者保留版权,都选择了CC协议。

(2)我国相关政策分析

由于出版单位须经过行政审批方能设立,会议论文正式出版成本较高,我国的会议论文少部分以图书形式或精选后以期刊论文形式出版,大部分作为内部资料进行传播。这类非正式出版的会议论文同行评议控制不严格,往往无法被认定为正式的学术成果,会议论文的质量参差不齐,会议论文的影响力普遍较低。

国家科技图书文献中心(NSTL)是目前规模最大的中外文科技会议文献收藏、服务系统。商业性数据库主要有北京万方数据股份有限公司的中国学术会议论文全文数据库,以及中国知网的中国重要会议论文全文数据库。尽管我国在开放获取方面不断的尝试和进步,但并没有专门针对学术会议论文的开放获取网站。

(3)国内外相关政策对比分析

从国内外对比情况看,由于科研机构的成果认定、职称评审,以及会议论文正式出版的控制管理等多种因素,我国目前的会议论文普遍质量不高,即使存在少量高质量的会议论文,主办方或作者也将论文通过学术期刊进行发表,这种出版传播方式也降低了会议论文快速传播交流学术思想的应有价值。

5.5 STM 信息资源产品与服务

5.5.1 STM 信息资源的开放获取

开放获取作为一种新的出版模式和学术交流模式,逐渐引起了世界各国越来越多的重视。开放获取(Open Access,OA)又称开放存取,维基百科定义为:开放获取是网络范围内任何人都可以免费的、及时的、永久的、全文的获取科学技术与学术资料，主要是在同行评议的期刊上发表的研究资料[194]。开放获取一般是指期刊论文，但从其国际发展趋势来看，开放获取的范畴已经大大延伸了，不仅包括期刊论文，还包括软件、科学数据、学位论文、教学课件、图书、多媒体资源等。

5.5.1.1 国外相关政策分析

开放获取政策最早是由欧美发达国家制定并实施的。近些年来，美国、英国、加拿大、印度、法国、芬兰、澳大利亚等国都相继制定了开放获取政策。从已有的开放获取政策来看，制定者有政府部门、科研机构、科研资助与管理机构、基金会及大学，他们分别根据自己的实际情况制定了开放获取政策。除了各国政府及各国相关组织的政策，一些国际性联盟组织也制定对其所属国的政策意见，以下将详细介绍世界各国和联盟组织的相关政策。

（1）美国

政府部门、科研资助机构及大学是美国推动开放获取政策制定的重要力量，近年来，美国倡议并制定的开放获取政策和活动主要有：① 2003 年 6 月，美国国会通过《公共获取科学法案》的立法提案，支持对公共资金资助的科学研究成果的开放获取；② 2004 年，美国国家海洋和大气管理署声明对公共资助的大气、水及气候方面的研究数据实行开放获取；③ 2004 年，美国 NIH 制定了公共获取政策草案，即《NIH 提高对科研信息开放获取政策草案》，并于 2005 年 2 月 3 日正式公布；④ 2004 年 7 月，美国众议院拨款委员会在 2005 年拨款法案中建议 NIH 要求它所资助的研究项目将其发表文章在 PubMed Central 中存储，并在不迟于 6 个月内公开发布，美国国会 2007 年 12 月 19 日通过《2008 拨款法案》，包含了 NIH 强制要求被资助者将研究论文存储到

PubMed Central 进行开放获取的条款，使得 NIH 资助研究成果强制性开放存储成为法律，并于 2008 年起执行；⑤2006 年 1 月 27 日，麻省理工学院（MIT）发布了《版权修正案论坛》，帮助作者保留他们授权开放获取所需权利；⑥加州大学提出开放获取政策草案，明确规定该校员工拥有其学术著作的版权，并允许该校员工能够公共获取；⑦2008 年 1 月，哈佛大学颁布了开放获取政策，即允许公众免费浏览大学的学术资料[195]。2005 年、2006 年先后有参议员向美国国会提出 SCURES 提案、FRPAA 提案，要求实施更快速及时的开放获取，并扩大开放获取的范围[196]。

（2）英国

英国是拥有强制性执行公开资助的研究成果开放获取政策机构最多的国家，大部分开放获取政策都是由资助机构和大学制定的，而英国研究理事会（RCUK）于 2005 年、2006 年先后发布了《RCUK 关于研究成果开放获取的立场声明》的草案和《RCUK 关于研究成果开放获取的最新立场声明》。声明主张：①由公共资助研究产生的概念和知识必须尽可能广泛、快速和有效地向公众开放，供公众利用、咨询和阅览；②发表的研究成果必须通过有效的同行评审机制来严格保证其质量；③研究成果的出版、访问模式和机制在利用公共资金方面必须有效和实现成本效益；④必须将现在和将来的研究成果保存下来，并供他人能够访问；⑤由作者支付出版费；⑥作者自己存档其论文的电子版。根据 RCUK 的原则立场，英国研究理事会 7 个成员中已有 6 个根据自己的具体情况制定了相应的开放获取政策，如医学研究理事会（MRC）要求从 2006 年 10 月 1 日起，新资助的研究项目被同行评议期刊接受的研究论文应提交保存。此外，生物技术与生物科学研究理事会（BBSRC）、经济与社会科学研究理事会（ESRC）、自然环境研究理事（NERC）、科学与技术设施理事会（STFC）和艺术与人文科学研究理事会（AHRC）均制定了类似的政策。2007 年，英国 PubMed Central 资助小组全部 10 家成员都已采纳了强制性命令。这些政策要求所有由公共资助的研究成果必须广泛、快速、有效地提供给公众开放获取[197]。

（3）澳大利亚

据世界大学新闻网 2013 年 1 月 10 日报道，澳大利亚研究委员会实施了一项新的开放获取政策，即其成员的所有研究成果必须免费供人查阅获取。该政策明确要求，该委员会成员已出版的文章在见刊后 12 个月内都要被纳入"开放获取资源库"，部分研究员因受法律或合同的限制，可能无法马上按照新政策上传文章，但他们必须解释项目性文章、获奖文章及合作文章未出现在学术资源库中的原因。据称，该项政策已于 2013 年 1 月 1 日开始实施，并将应用于所有基金会新制定的规章制度及协议中。

（4）印度

印度是开展开放获取运动较早的发展中国家之一，2006 年 6 月 5 日生效的《印度信息法案》规定，如果一项研究使用公共基金，那任何人都有权利知道研究的结果及其对社会带来的好处[198]。2006 年 11 月，印度科学协会在班加罗尔召开了"电子出版和开放获取研讨会"，并在会议上发布了《发展中国家的国家开放获取政策》，该政策的具体内容为：①要求全部或部分获得政府资助的研究论文，在被同行评审期刊接受出版以后，立即将论文的电子版存储在机构的数字知识库中；②鼓励政府资助的研究人员在将论文存入知识库之后立即提供开放获取；③鼓励政府资助的研究人员在现有的、适合的 OA 期刊上发表论文。2009 年 3 月，印度科学与工业研究理事会（CSIR）宣布了研究出版物开放获取的一系列措施，要求其所属的所有实验室都要建立各自的 OA 仓储并与世界各地的 1000 多个知识仓库兼容；还要求其工作人员将他们的研究论文存入某个知识仓库，或在 OA 期刊上发表；同时还要求该理事会主办的 20 多种期刊采用 OA 模式，目前该理事会有 2 种 OA 期刊[199]。

（5）其他国家的相关政策

除了前面讲到的 4 个国家以外，其他国家也先后出台了信息资源开放获取的相关政策。

芬兰的国家政策包括：高等教育机构和科研机构建立或合作建立必要的开放获取仓储，以方便科研人员将自己的科研成果提交至开放获取仓储中，使仓储中科研论文的数量可以得到快速积累。芬兰教育部还分别对科研资助机构、高等教育机构和科研机构、期刊和学术团体、图书馆等制定了有针对性的具体 OA 政策。

德国研究基金会于 2006 年 1 月提出了开放获取政策草案，要求受基金会资助的研究人员将其出版的最后文稿提交到适当的开放获取机构库保存（按学科可以有 6～12 个月的滞后期），还要求科研人员保留他们研究成果电子版的非独家利用权。

加拿大图书馆协会于 2005 年 6 月在卡尔加里举行的 60 届年会上，审议通过了有关支持开放获取的决议，正式声明支持开放获取政策；2007 年 9 月 4 日，加拿大卫生研究院（CHR）发布了《科研成果的获取政策》，要求 CHR 所资助的研究人员在研究论文发表 6 个月后，在网上可以免费获取，该政策于 2008 年 1 月 1 日正式实施。

世界各国不同机构开放获取的内容及要求如表 5.5 所示。

第5章 聚焦STM信息资源行业相关政策

表5.5 各国机构开放获取具体要求

国家	科研（资助机构）	存储内容	时间要求	存储位置	存储条件
英国	英国关节炎研究基金会	同行评议出版物；作者手稿的最后版本；未作格式要求	尽早存储；可接受的出版协议：在出版的6个月以后存储	在指定的仓储中；英国的PubMed Central；PubMed Central	无
英国	英国艺术与人文研究委员会	同行评议出版物、会议文章；未作版本要求；未作格式要求	尽早存储；元数据必须在出版时约定的日期存储	在任何适当的仓储	必须尊重出版商的版权，许可与禁止协议政策；元数据中必须包含有出版商网站的链接
英国	英国生物技术与生物科学研究委员会	同行评议出版物、会议文章；存储全文；未作格式要求	尽早存储；元数据必须在出版之日存储	未指定仓储	必须尊重出版商的版权，许可与禁止协议政策；元数据中必须包含有出版商网站的链接
澳大利亚	澳大利亚研究委员会	任何出版物；作者手稿的最后版本和（或）已出版的PDF版本；未作格式要求	尽早存储；可接受的出版协议：在出版的6个月以后存储	在适当的IR中；在适当的学科仓储中	无

续表

国家	科研（资助机构）	存储内容	时间要求	存储位置	存储条件
美国	美国霍华德·休斯医学研究所	同行评议出版物；出版商版本和（或）作者手稿的最后版本；未作格式要求	尽早存储	在适当的学科仓储中；在适当的IR中；在指定的仓储中；PubMed Central	无
美国	美国国立卫生研究院	发表后的研究成果；未作格式要求	尽早存储（12个月内）	PubMed Central	无
德国	德国研究基金会	同行评议出版物；作者手稿的最后版本和（或）出版商版本；PDF格式	出版之日存储；可接受的出版协议：在出版的12个月以后存储	在适当的IR中；在适当的学科仓储中；在任何适当的仓储	鼓励作者保留出版物的版权
欧洲	欧洲核子研究中心	同行评议出版物、会议文章、其他出版物、项目报告、行政概要；作者手稿最后版本；未作格式要求	尽早存储	在指定的仓储中；CERN的科学信息服务器中；CERN的文档服务器中	最终版本的所有修订本都必须存档
欧洲	欧洲研究委员会	同行评议出版物；出版商版本和（或）作者手稿的最后版本；未作格式要求	出版之日存储；可接受的出版协议：在出版的6个月以后存储	在适当的IR中（如PubMed Central）；在任何适当的仓储中；在指定的仓储中	无

5.5.1.2 我国相关政策分析

我国开放获取的发展经历了一个从认知到实践的过程，截止到 2014 年 1 月，我国并没有制定国家层面的开放存取政策，但是从我国陆续参加的国际和国内学术界的活动可以看出，我国政府和学者对开放获取持支持态度。2003 年，中国科学院院长路甬祥在柏林代表中国的科学家签署了《关于自然科学与人文科学知识开放获取的柏林宣言》，2004 年，路甬祥院长代表中国科学院、陈宜瑜主任代表国家自然科学基金委分别签署了《关于自然科学与人文科学知识开放获取的柏林宣言》[200]，表明中国科学界和科技资助机构对开放获取的支持。

5.5.1.3 国内外相关政策对比分析

与发达国家相比，我国的开放获取活动才刚刚起步。国外政策制定者主要是政府、基金组织、学／协会、科研院所及出版社，而我国虽然有相关的政府活动和学术活动，但没有国家层面的政策。目前国外的大部分政策具有强制性，少部分是建议性的政策，大都要求受资助的人员将科研成果自存储到知识库中，或在开放期刊上发表，以供公众免费获取，并且对开放时滞也做了相关规定；我国没有具体要求，大部分政策都涉及了最终论文版本的同行评审。政策的内容基本从开始的请求和要求过渡到强制性的规定，而我国仍处在非正式政策的建议层面，更缺少相应的开放获取政策的支持，中外开放获取政策还存在着很大差距。推动我国开放获取的发展，需要注重借鉴其他国家的经验。

5.5.2 数据库相关政策分析

关于数据库的概念，主要是从技术和法律两方面进行说明。其技术概念可以定义为：在计算机存储设备中合理存放的相互关联的数据的集合。在法律层面，国际上的几种关于数据库的法案或指令中对数据库的概念进行了界定，1996年的《欧盟数据库法律保护指令》及《WIPO数据条约草案》中规定，数据库是指经过系统或者有序的编排，并可以通过电子或者其他手段单独访问的独立作品、数据或者其他材料的集合；《美国H.R.354法案》规定，信息集合体是指被收集和组织起来，由分散变为集中在某个供人们访问的处所或者来源的信息；《俄罗斯计算机程序和数据库法律保护法》规定，数据库是指一系列数据（文章、账目等）的表现和组织的客观形式，经过系统的编排以便能够被计算机访问和处理[201]。可以看出，数据库是一系列数据、作品、信息的集合体，经过某种手段使其内容更方便使用。因此，国内外在数据库保护方面的政策主要体现在对其内容或数据库整体保护的政策法规，本部分首先从宏观层面说明国内外对数据库发展的态度，然后详细说明各国在数据库保护方面（主要对象为商业性数据库）的政策规定。

5.5.2.1 国外相关政策分析

（1）数据库发展政策

科技数据库的开发需要以大量数据资源为基础，是一项高新技术和知识密集型的产业，对社会进步、科技发展、经济增长具有重要的促进作用，各国政府已越来越重视数据库产业的发展，由政府出资构建了公益性的数据库，并为商业数据库的发展创造了良好的政策环境。

美国政府根据投资来源不同，设立了两种数据库管理机制，对公益性科学数据库（政府投资并拥有的数据库）采取的是完全开发共享国策，财政设立专项资金连续支持数据中心群的建设；私营公司投资生产的数据库则纳入"平等竞争"的市场化管理体制，采取公平竞争政策，同时政府通过税收进行调节和控制，在完善的政策环境下，美国的商业性数据库产业已经发展成了世界最强的数据库之一。

日本的数据库产业发展政策有以下几点特征：①重点建设部分学科数据库。主要是有关生物的计量数据库，有关材料或物质的计量数据库，有关国土、地球、海洋和宇宙的计量数据库。②明确政府与民间企业在数据库建设工作中的责任。对于没有稳定市场收费的数据库，如以基础型计量数据为主的数据库，建设成本高且难以维持经营，由政府为主体进行发展；具有一定的市场，能够进行稳定价格收费的数据库，基本上由民间企业为主体进行建设；对于有市场但是具有重要战略地位的数据库，由政府为主体进行建设。③建立促进数据库建设的体制。人才促进政策，确保在数据库建设的不同环节都具有相应的人才，如建设、维护和管理数据库的人才、提高数据库性能的人才、数据库协调人员等；并且确定了一系列数据收集、数据库建设和维护、性能提高的机制。

韩国主要通过5个方面促进数据库产业的发展：刺激用户需求、建立公共数据库、开发数据库技术、培养数据库产业人才及其他扶植政策。其他扶植政策如鼓励民间投资者进入数据库产业，扶持具有公益性的数据库产业，研究并实施数据库的知识产权保护等[202]。

（2）数据库的版权法保护模式

将数据库视为一种作品而赋予版权保护，是最早的也是目前最主要的保护模式。《国际知识产权保护协议》《伯尔尼公约》《与贸易有关的知识产权协议》《欧盟指令》《关贸总协定TRIPS协议》等均认可了数据库的版权保护,从而使之成为主流的保护模式。据世界知识产权组织统计,全世界约有130多个国家为数据库提供版权保护[203]。《国际知识产权保护协议》和《伯尔尼公约》规定:"数据或其他资料的汇编,无论采用任何形式,只要由于其内容的选择或编排构成智力创作,其本身即受到保护。"《与贸易有关的知识产权协议》明确将有独创性的数据汇编列为版权保护的客体。《关贸总协定TRIPS协议》规定:"数据或其他材料的汇编,无论是采用机器可读形式或是其他形式,只要其内容的选取或编排构成了智力创造,就应对其本身提供保护。这样的保护不应扩展到数据或内容本身,不应影响对数据或内容本身所获得的任何著作权。"《欧盟指令》指出:"凡在其内容的选择与编排方面体现作者自己的智力创作的数据库,均可据此获得版权保护,本规定是判断一个数据库能否获得版权保护的唯一标准。"丹麦、冰岛、挪威等北欧国家和墨西哥等国的版权法给予数据库特殊保护,不再要求数据库必须具有独创性。德国版权法则将具备"独创性"的数据库认定为数据库作品,给予其他作品相同的版权保护;对于不具独创性的数据库,只要符合"实质性"投入的要件就可以邻接权加以保护[204]。

(3)数据库的竞争法保护模式

反不正当竞争法作为知识产权保护体系的组成部分,主张公平竞争,防止市场竞争主体之间的恶性竞争,很好地制止了数据库版权法保护产生的"搭便车"行为。它可以着眼于保护数据库制作者在材料的收集、整理、编排等方面付出的投资,可以制止他人以对其数据库内容直接复制的方式进行不正当竞争,通过数据库的商业化运营获取投资回报[205]。例如,美国《1999

消费者和投资者接触信息法案》(Consumer and Investor Access to Information Act of 1999)第二条规定,任何人采取任何手段或者方法向公众销售或者发行他人数据库的复制件,或者向公众销售或发行数据库与他人数据库制作者进行商业竞争,则这种行为是非法的[206]。

按照各国反不正当竞争法的规定,数据库想要获得保护,必须满足以下情况:①原告为创制数据库花费了一定的费用;②被告对信息的使用是窃取原告劳动成果的"搭便车"行为;③被告提供的商品或服务与原告的构成了直接竞争,且被告基于窃取行为构成对原告的不正当竞争;④被告的侵权行为给数据库制造者的产品或服务的相关市场造成了重大损害[207]。

(4)数据库的合同法保护模式

契约自由作为市场交易的基本原则,同时也受世界各国相关合同法保护,合同法保护也是数据库保护体系的重要组成部分。交易双方签订了具有法律效力的合同之后,双方任何一方做出了违反条约的行为,对方都可以通过合同法获得保护。如1996年ProC公司诉Zeidenberg公司案,被告Zeidenberg公司购买了原告ProC公司含有大量电话号码的数据库光盘,双方的契约合同中明确规定"该数据禁止在商业上使用",但是被告Zeidenberg公司仍将原告数据库光盘中的数据放在网络上,并提供付费查询服务。根据合同法的规定,美国第七巡回上诉法院的判决是:虽然根据Feist案,版权法并不保护这类数据库,但是被告违反了合同条款,而联邦著作权法的原则不能排除州合同法的规定,故判定原告胜诉,禁止被告对该数据库的商业使用[208]。合同法虽然能弥补版权法和反不正当竞争法的部分不足,但是只对签约双方具有约束,对第三方没有法律效力。

(5)数据库的特别权利保护政策

1992年5月,欧共体委员会提出了《协调数据库法律保护指令草案》,基本思路是将数据库作为《伯尔尼公约》中的汇编作品给予版权保护,同时考虑到许多数据库不具备汇编作品的条件,草案设定了一种"制止不正当提取"的权利,以防止他人对数据库内容材料的复制和利用,这种保护在1993年6月的《数据库法律保护指令草案》中被称为"特别权利"。《数据库法律保护指令草案》于1996年3月11日经欧洲议会和欧盟理事会共同审议通过[209]。该指令规定给予数据库制作者一项特殊权利,即防止对数据库内容的全部或实质部分提取或再利用的权利,独创性不再是数据库受到保护的必要条件,保护的内容也延及构成数据库的数据或材料本身。数据库享受特别保护的条件是数据库的制作者在收集、核实或描述数据库的内容方面进行了相当数量或质量的实质投资。同时还规定了特别权利的保护期为数据库向公众提供之日起15年,如果在数据库内容的增删或更改上有进一步的实质性投资,保护期将重新计算。该指令对于数据库的特别保护采取了封闭性的做法,只对欧盟成员国的国民或公司、企业制作的数据库提供保护,对于其他国家和国民或公司、企业制作的数据库,只有在本国对欧盟的数据库也给予特别保护的情况下才予以保护[205]。针对这种封闭性做法,1996年5月,美国国会众议院接受了题为《数据库投资与防止知识产权盗版法》的HR3531提案,该提案建议美国采取与欧盟指令近似的数据库特殊权利保护体制,其保护的范围更广,保护的期限更长,保护的措施更多,但并未最终通过。1997年10月美国国会接受了HR2652的提案,该提案回避了"数据库"这一敏感概念,改为"信息汇集",它是建立在反不正当竞争原则上的数据库法律保护方式[210]。

5.5.2.2 我国相关政策分析

（1）数据库发展政策

与国外发达国家的数据库产业发展相比，我国相对起步较晚，但我国政府也很重视数据库产业的发展。1996年5月15日，《全国人民代表大会常务委员会关于修改〈中华人民共和国统计法〉的决定》提出，国家有计划地加强统计信息处理、传输技术和数据库体系的现代化建设。2001年3月15日第九届全国人民代表大会第四次会议批准了《中华人民共和国国民经济和社会发展第十个五年计划纲要》，提出要积极发展信息服务业特别是网络、信息技术应用咨询和数据库服务业。2004年中共中央办公厅、国务院办公厅发布《关于加强信息资源开发利用工作的若干意见》，提出高度重视信息资源开发利用对促进经济社会发展的重要作用，要统筹协调基础信息数据库的信息采集分工、持续更新和共享服务工作，增强地理空间等基础信息资源的自主保障能力；建立行业和大型企业数据库，健全行业信息发布制度，引导企业提高管理和决策水平；完善网络环境下著作权保护和数据库保护等方面的法律法规。

（2）数据库的版权法保护模式

我国的著作权法及其相关条例都没有直接提到数据库的保护，但从法律要求看，可以作为汇编作品认定。1990年颁布的《中华人民共和国著作权法》，使用了"编辑作品"一词。2001年，该法作了修订，将"编辑作品"改为"汇编作品"。其中第十四条规定："汇编若干作品、作品的片段或者不构成作品的数据或者其他材料，对其内容的选择或者编排体现独创性的作品，为汇编作品，其著作权由汇编人享有，但行使著作权时，不得侵犯原作品的著作权。"中华人民共和国第十一届全国人民代表大会常务委员会第十三次会议于2010年2月26日通过了《全国人民代表大会常务委员会关于修改〈中华人民共和国著作权法〉的决定》，仍然延续了2001年对汇编作品的规定，仍未使用"数据库"一词。

（3）数据库的竞争法保护模式

对于已经公开的数据库，可适用《中华人民共和国反不正当竞争法》第二条第一款的原则性规定进行处理；对于未公开的数据库，由于其符合"不为公众所知悉、能为权利人带来经济利益、具有实用性并经权利人采取保密措施的技术信息和经营信息"的要求，理论上还可依《中华人民共和国反不正当竞争法》有关商业秘密的规定得到保护。

（4）数据库的特殊权利保护政策

我国目前尚未对数据库实行特殊权利保护，将来是否实行，是学术界正在思索与讨论的问题[219]。

5.5.2.3 国内外相关政策对比分析

由表5.6可以看出，在国家数据库发展的宏观政策方面，国内外都提出了促进发展的具体政策，足以看出各国对数据库产业的重视。在数据库的法律保护方面，国际上形成了版权保护、竞争法保护、合同法保护及特殊权利保护的法律体系，我国并没有数据库特殊权利保护的明文法律规定，在版权保护方面也缺少对不同类型数据库的相关条款。

表 5.6 国内外数据库相关政策

	国外	国内
发展政策	美国：公益性科学数据库财政设立专项资金支持，私营公司投资数据库纳入"平等竞争"市场化管理；日本：建设重点学科，建立促进体制；韩国：刺激需求，人才建设等	提出要积极发展信息服务业特别是网络、信息技术应用咨询和数据库服务业；提出高度重视信息资源开发利用对促进经济社会发展的重要作用
版权法保护	《国际知识产权保护协议》《伯尔尼公约》《与贸易有关的知识产权协议》《欧盟指令》《关贸总协定 TRIPS 协议》等	我国的著作权法及其相关条例都没有直接提到数据库的保护，但从法律要求看，可以作为汇编作品认定
竞争法保护	反不正当竞争法主张公平竞争，防止市场竞争主体之间的恶性竞争，很好地制止了数据库版权法保护产生的"搭便车"行为	公开数据库适用《中华人民共和国反不正当竞争法》原则，未公开的适用《中华人民共和国反不正当竞争法》关于商业秘密的规定
合同法保护	契约自由作为市场交易的基本原则，同时也受世界各国相关合同法保护	《中华人民共和国合同法》
特殊权利保护	防止对数据库内容的全部或实质部分提取或再利用的权利，独创性不再是数据库受到保护的必要条件，保护的内容也延及构成数据库的数据或材料本身	我国目前尚未对数据库实行特殊权利保护，将来是否实行，是学术界正在思索与讨论的问题

5.5.3 科技咨询服务

科技咨询是由具有现代自然科学、社会科学专业知识并熟悉咨询业务的专家组成的独立智力团体，以科学为依据，以信息为基础，综合利用科学知识、技术、经验、信息，采用现代科学方法和先进手段，进行调研、分析、研究、预测，客观公正地提供委托项目的咨询成果，为政府部门、企事业单位和各类社会组织及各阶层客户的决策、运作提供智力服务。第二次世界大战后，科学发展日益社会化，科学技术逐渐渗透到社会的各个方面，逐渐成为现代化科学技术体系的重要组成部分，也是当今世界科技经济一体化过程中发展最快、最活跃的领域之一。从内容上看，科技咨询分为下列 5 类：政策咨询、工作咨询、专题咨询、拨款咨询、责任咨询 [211, 212]。

5.5.3.1 国外相关政策分析

西方国家咨询业的社会地位很高，专业咨询人员倍受社会尊重，这与这些国家重视咨询企业的法律地位分不开。例如，美国早在 1863 年林肯总统时期建立的美国科学院及后来相继建立的美国工程科学院、医学研究所、国家研究理事会、总统科学咨询委员会，由联邦政府管理的史密斯科学信息交换中心、商务部所辖的国家技术信息服务中心等机构都承担科技咨询工作；英国政府各部门都可设立和选择最合适本部门需求的科技咨询机构和组织，最高决策层面设有科学技术委员会和首席科学顾问，就支持科技和提高科技对全国可持续发展贡献率等方面向首相提供战略政策和框架的咨询，科学技术委员会、英国研究理事会、皇家学会英国科学政策中心等科技咨询机构，主要针对政府有关科技的宏观政策和公众政策中有关科技的方面进行咨询；日本的《综合研究开发机构法》，赋予综合研究开发机构在咨询行业中的特殊地位，承担为政府制定中长期国家发展规划的重任；此外，德国、澳大利亚都对科技咨询服务给予了高度重视[211, 213]。

（1）资格审查

西方国家普遍通过立法规定严格的资格审查制度，对于从业资格认证大致采用两种方式：一种是经过严格的考试，这种考试既可以是咨询协会规定的考试，如英国咨询工程师协会（ACE）的考试，也可以是国家注册委员会的考试，如美国；一种是由咨询协会规定会员资格审查的各种标准（大学毕业、工作经验、业务能力、道德水平等），如法国据此来审查参加咨询的企业和个人的资格。目前，越来越多的国家已经趋向于考试和咨询协会各项标准审查的二合一从业资格认证制度，因为从事咨询业既要具备丰富的理论知识，又要有相当的实践经验。为了加强从业资格的审查工作，各国又相应成立了审查机构，颁发资格证书。如法国的OPQIBI，便是咨询专业人员和技术研究人员资格审查的专门机构，专业咨询人员申请注册登记需事先通过OPQIBI的资格审查；英国规定工程咨询人员参加咨询工作，需由咨询协会审查和批准[213]。

（2）咨询机构的性质

西方发达国家的咨询研究，无论是政府直接扶持的非营利机构，与政府关系密切的半官方审计服务机构，还是接受巨资委托由咨询企业开展的重大咨询服务及研究，在工作中都独立于政府和利益集团之外，不受政府部门和权威的干预及任何约束，保持咨询研究的客观性、独立性、公正性、科学性。西方发达国家也都颁布了明确的法令依据，规定咨询企业及对有政府背景的思想库、战略决策机构，只对有关的法律法规负责。

如美国著名的兰德公司，尽管与美国官方之间关系密不可分，与美国国务院、国防部及所在地政府部门有着长期合同，但一直保持客观、独立的原则，独立进行研究。兰德公司从不倾向于影响政府，而只关心决策后与自己的预期分析是否吻合。在日本，即使受政府控制较紧的、相对保守的咨询机构，也都坚持公正、公开和独立研究的原则[214]。

（3）财政扶持政策

在咨询业发达的国家，通常采用立法形式确保财政、税收扶持政策的实施，以促进咨询业的发展壮大。如意大利依法给予咨询机构低利率贷款，并由政府设立的国际保险公司提供担保；英国法律规定，对本国咨询公司与国外签订咨询合同、投标等，给予财政补贴，并设立"海外工程基金"；日本的《租税特别措施法》规定对咨询业实行特殊税制，旨在使咨询企业可以利用享受特殊税制所留用的资金作为企业研究开发费用，扩展海外业务，刺激咨询业的发展。除此之外，美国在1973年依据有关法律从国库中支出25亿美元用以扶持咨询机构，对非营利性的公司实行免税制，只要申请即可批准；英国法律对咨询公司给予财政补贴；日本对咨询业实行特殊税制。这些都反映了发达国家对运用财政金融手段以加强咨询业投资的重视程度[215]。

（4）行业保险

在咨询业的诸多专业行业中，工程咨询业在国际上有比较健全的行业保险制度。世界银行的咨询服务合同要求咨询工程师投保的险种之一就是职业责任险。国际咨询工程师联合会（FIDIC）制定的IGRA条件明确规定，咨询工程师必须自费投保，并保持合理的职业责任险。西方国家如法、英、美也普遍实行咨询人员的职业责任保险制度。行业保险很受工程师和客户的欢迎，越来越多的从事实际设计和咨询服务的工程师认为以职业保险做好保护手段非常必要，而且客户也从职业责任保险中得到好处，使其免受或少受损失。完全可以说，西方国家咨询业发达的重要原因之一就是具有健全的行业保险制度[213]。

5.5.3.2　我国相关政策分析

我国科技信息咨询业总体起步较晚，水平仍有较大差距，但我国政府很重视相关行业的发展。财政部《关于对科学技术研究机构收入征税的暂行规定》，中国科协、财政部《科协系统科技咨询服务费用收支管理办法》，全国技术市场协调小组《技术市场管理暂行办法》，《国务院关于技术转让的暂行规定》，《技术合同法》，国家科委《关于推动我国科技咨询业发展的若干意见》，国家科委、国家体改委《关于大力发展民营科技型企业若干问题的决定》，《中华人民共和国促进科技成果转化法》，财政部《关于对科研单位取得的技术转让收入免征营业税的通知》等相关规定，为我国科技咨询服务提供了很好的政策环境。

1992年，国家科委《关于加速发展科技咨询、科技信息和技术服务业的意见》，对科技咨询服务行业的重要性、资金投入、所有制形式、设立机制、职业化发展、财政扶持等问题提出了指导要求。

5.5.3.3　国内外相关政策对比分析

科技咨询服务作为现代化科学技术体系的重要组成部分，世界各国都特别重视其在经济发展中的作用，从政府决策、企业发展到国民的日常生活，科技咨询服务都发挥了重要作用。在科技咨询需求方面，发达国家的科技咨询服务已经涉及民众的日常生活，企业发展和政府决策的咨询工作已趋完善，我国虽然在政府决策和企业发展方面的科技咨询服务也取得了很大发展，但是仍需刺激民众的需求，从而促进行业的发展。发达国家在资格审查方面的体系比较完善，我国咨询业目前没有法律明文规定的从业资格认证标准，尚未建立资格审查制度。

5.6 小结

本章通过对逐个问题的国内外对比分析，可以看出，我国对 STM 信息资源的管理缺乏有力的统筹协调，不同部门各自为战的现象较为明显，在一些关键性问题上缺乏国家层面统一的规范体系。在 STM 信息资源服务问题上，我国宏观政策层面未能清晰地区分政府职能与市场职能，政府自身 STM 信息资源的统筹、公开利用的管理机制尚未形成，针对行业未能形成成熟的市场化管理体系，一定程度上制约了 STM 信息资源行业的发展。在一些领域，政策缺失问题比较明显，在新兴领域，政策法规滞后现象较为严重。需要加强统筹协调，明确政府在 STM 信息公开共享方面的职责，强化市场机制，完善基础法规和政策体系，引导 STM 信息资源行业快速发展。

第6章 研究结论与政策建议

6.1 研究结论

基于前面5章针对各方面的研究,得出以下几点结论。

(1) STM信息资源的重要性得到认可

当前我国在政府、行业和用户等不同层面普遍认识到了STM信息资源及其共享服务的重要性。国家层面的认可在国家层面的信息资源规划、国家的科技规划及具体的科技计划项目中均得以体现。行业发展层面,近些年的科技中介发展、出版体制改革与科技出版的资金扶持和技术支撑项目均有所体现。用户调研结果也显示,各类用户普遍认为在其科研工作过程中使用STM信息资源产品和服务具有很强的必要性。

各个层面对STM信息资源重要性的认识为行业发展奠定了重要基础。

(2) 行业发展落后,支撑不足,但发展空间明显

从与先进国家的现状对比来看,我国STM信息资源行业发展较为落后,从政府科技资源共享、科技出版到专业数据库与科技咨询服务等各个环节均落后于发达国家。在资源基础层面,科学数据资源分散、优质科技论文外流、灰色文献质量不高;在投入方面,科技出版与科技信息服务既无法获得政府的资金支持,又不能充分获得外部市场化投入,进一步导致技术创新

能力偏低；在人才支撑方面，目前我国尚未形成有学科背景的专业科技信息人才的培养体系；在市场方面，我国还普遍缺乏尊重知识产权的消费习惯，即使在高校、医院等公立机构，也存在不少购买盗版侵权资源的现象。这些外部支撑问题既反映出当前经济发展水平的不足，也反映出相关政策的不合理或缺失。

但从国际实践来看，STM信息资源行业具有良好的发展前景与增长势头，随着科技水平的进步和全社会创新意识的提升，结合政策层面的大力扶持和正确引导，STM信息资源行业也将会有更大的发展空间。

（3）政府职能与行业发展定位不清晰

研究中也发现，在当前发展改革的过程中，政府职能与行业市场化发展之间存在着错综复杂的关系，影响到了政府管理、市场发展，也影响到了相关事业单位的改革发展。

纵观国际实践中对政府和市场的管理，普遍重点关注以下几个问题。

①政府部门在宏观层面确定针对STM信息资源共享利用的基本政策，并对由财政资金投入或支持的成果进行管理、汇总与公开，以公开为原则，不公开为例外处理政府信息共享问题。

②政府设立的公益性机构或研究机构负责实施STM信息资源汇总与服务的职能，这类由政府设立的机构其服务方面应为公开和免费的（少量可收取服务成本费用）。

③市场运营中区分营利性和非营利性机构。对营利性机构，完全采用市场化管理机制，对于需要重点扶持、支持的行业，采用政府采购、税收优惠等经济调节杠杆给予扶持。对于非营利性机构，可通过免税、基金资助、政府补贴等方式给予支持。

在我国的实践中，对STM信息资源共享利用缺乏基础性政策规范。具体表现为政府科技信息公开和财政投入的研究项目信息公开水平仍然比较低下；政府设立的事业单位利用政府赋予的职能开展部分市场经营活动，与市场主体形成一定的竞争；对市场经营主体，鼓励、支持的政策缺乏。我国仍需要在改革的过程中逐步理顺各方关系，形成政府与市场有效呼应的行业格局。

（4）政策制定滞后、政策体系不完善

在调研和对比的过程中也清晰地发现，我国在 STM 信息资源相关的政策方面缺乏跨部门的有效协调和统筹，政策制定比较滞后，政策体系还不完善。

我国目前政府资助的科研项目分为科技部、教育部、国家自然科学基金委、全国哲学社会科学规划办公室等多个机构，财政资金资助项目形成的科技成果汇交管理政策、汇交服务机构等方面各自为政，汇交标准不统一，多数未能提供全面的开放服务。

具体政策方面，科学数据、STM 出版、科技报告及其他灰色文献方面的政策均存在不足之处，对开放获取的系列问题也未能在政策层面确定引导意见，促进 STM 信息服务、信息咨询行业市场化发展的力度不足，整个行业规模依然较小、服务层次较低。

6.2 政策建议

本书基于各方面研究得出的结论，提出以下几点建议。

（1）高度重视我国 STM 信息资源服务体系建设

建议制定国家级的 STM 信息资源服务体系指导纲领，确定我国 STM 信息资源服务体系整体框架，明确各政府部门、公益性信息机构、高等院校与研究机构、STM 信息资源从业机构等相关主体的角色和职能，建立 STM 信息资源创造、富集、增值、利用的价值链体系，为我国的科学技术发展提供有力的信息与智力支撑。

（2）充分实现政府 STM 信息资源的公开共享

在行政管理过程中，充分实现政府部门产生的 STM 信息资源及由财政资金支持所产生的 STM 信息资源的公开共享。就 STM 领域的信息公开，明确以公开为原则，不公开为例外的基本指导思想，对信息的产生与汇交方式、公开方式等提出明确要求，满足公众的基本查询和行业机构进一步整合分析的数据需求。

（3）大力推进 STM 信息资源行业市场化发展

在事业单位改革的过程中，进一步明确公益和市场的各自职责，强化市场化发展方式，弱化行政手段干预。逐步放松对 STM 内容出版的行政审批，引入市场竞争机制和淘汰追惩机制。通过经济手段，引导、扶持 STM 信息资源行业发展。

（4）持续完善相关领域政策法规，创造有利发展条件

针对当前影响和制约 STM 信息资源行业发展的各类问题，不断制定、完善相关法律法规，推进专业人才培养、公众科技素养与信息素养教育，提升全社会的知识产权意识，为行业发展创造有利条件。

附录1
科技信息资源消费调查

尊敬的万方数据知识服务平台用户:

您好!

受相关研究机构委托,现面向各位用户开展一项有关科技信息资源消费特征的调查研究,希望您配合填写本调查问卷,问卷填写大约需要15分钟,敬请您耐心完成。

本调查问卷采用无记名形式,不涉及个人隐私问题。敬请您如实填写个人情况,非常感谢您的支持!

科技信息资源消费特征研究组

Ⅰ.单项选择题

1.您的性别是?(　　)

A.男　　B.女

2.您的年龄是?(　　)

A.20岁以下　　B.21～40岁

C.41～60岁　　D.61岁以上

3.您的最高学历是?(　　)

A.大专及以下　　B.本科　　C.硕士　　D.博士

4.您目前的职业是?(　　)

A.高校学生　　B.高校教师　　C.科研院所研究人员

D.企业员工　　E.其他

5. 您目前的教学职称是?（   ）

A. 助教　　B. 讲师　　C. 副教授　　D. 教授

6. 您目前的研究职称是?（   ）

A. 研究实习生　　B. 助理研究员

C. 副研究员　　　D. 研究员

7. 您目前的职务是?（   ）

A. 普通员工　　B. 底层管理者

C. 中层管理者　　D. 高层管理者

Ⅱ. 多项选择题

8. 您认为 STM 信息资源包括哪些内容？（   ）

A. 科学数据

B. 科技出版物（图书、报纸、期刊等）

C. 非正式出版的科技文献（如学位论文、会议记录、科技报告等）

D. 二次文献（索引文章刊物及数据库等）

E. 三次文献（评价分析报告、引证分析数据库等）

F. 其他（可填写）_____

Ⅲ. 矩阵单选题

9. 您是否同意以下观点？

	非常不同意	不同意	不确定	同意	非常同意
我了解各类图书、期刊等出版物及其作用					
我了解各类科技数据库及其作用					
我了解各类科技信息咨询服务（如查新查引、定题服务、评价服务等）及其作用					

10. 您是否同意以下观点?

	非常不同意	不同意	不确定	同意	非常同意
我了解科学数据及其作用					
我了解科技图书及其作用					
我了解期刊论文及其作用					
我了解会议论文及其作用					
我了解学位论文及其作用					
我了解科技成果及其作用					
我了解专利信息及其作用					
我了解科技报告及其作用					

11. 您是否同意以下观点?

	非常不同意	不同意	不确定	同意	非常同意
我了解通过各类图书馆可获得哪些科技信息资源					
我了解通过网络搜索引擎进行检索可获得哪些科技信息资源					
我了解通过数据库公司的网站和系统可获得哪些科技信息资源					

12. 您是否同意以下观点?

	非常不同意	不同意	不确定	同意	非常同意
我了解科技信息资源产品和服务的主要途径是朋友、同学和同事的介绍					
我了解科技信息资源产品和服务的主要途径是服务机构的宣传					
我了解科技信息资源产品和服务的主要途径是单位的培训					
我了解科技信息资源产品和服务的主要途径是领导或者老师的推荐					

13. 您是否同意以下观点?

	非常不同意	不同意	不确定	同意	非常同意
我选择科技信息资源产品和服务的考虑因素是学习的需要					
我选择科技信息资源产品和服务的考虑因素是科研工作的需要					
我选择科技信息资源产品和服务的考虑因素是企业竞争的需要					
我选择科技信息资源产品和服务的考虑因素是论文写作的需要					

14. 您是否同意以下观点?

	非常不同意	不同意	不确定	同意	非常同意
我认为在工作和学习中使用科技信息资源产品和服务是有必要的					
我购买科技信息资源产品和服务的经费都是由自己支付而不是由单位或学校提供的					
我使用的科技信息资源是电子形式的					

15. 您是否同意以下观点?

	非常不同意	不同意	不确定	同意	非常同意
我经常使用各类图书、期刊等出版物					
我经常使用各类科技数据库					
我经常使用各类科技信息咨询服务(如查新查引、定题服务、评价服务等)					

16. 您是否同意以下观点?

	非常不同意	不同意	不确定	同意	非常同意
科学数据是我经常使用的科技信息资源					
科技图书是我经常使用的科技信息资源					

续表

	非常不同意	不同意	不确定	同意	非常同意
期刊论文是我经常使用的科技信息资源					
会议论文是我经常使用的科技信息资源					
科技成果是我经常使用的科技信息资源					
专利信息是我经常使用的科技信息资源					
科技报告是我经常使用的科技信息资源					

17. 您是否同意以下观点？

	非常不同意	不同意	不确定	同意	非常同意
我经常通过图书馆获取科技信息资源					
我经常通过网络搜索引擎进行检索获取科技信息资源					
我经常通过数据库公司的网站和系统获取科技信息资源					

附录 1 科技信息资源消费调查

18. 您是否同意以下观点？

	非常不同意	不同意	不确定	同意	非常同意
我经常使用别人共享的科技信息资源					
我经常把科技信息资源共享给其他人					

19. 您是否同意以下观点？

	非常不同意	不同意	不确定	同意	非常同意
是否听过某类产品的宣传介绍会影响我选择科技信息资源产品和服务					
是否参加过单位关于某类产品的使用培训会影响我选择科技信息资源产品和服务					
对预期结果的期望会影响我选择科技信息资源产品和服务					
之前关于科技信息资源的使用经历会影响我选择科技信息资源产品和服务					

20. 您是否同意以下观点?

	非常不同意	不同意	不确定	同意	非常同意
相关的政策导向（如补助、报销等政策）会影响我选择科技信息资源产品和服务					
同行普遍的消费倾向会影响我选择科技信息资源产品和服务					
领导或者学科带头人的消费倾向会影响我选择科技信息资源产品和服务					
合作者的消费倾向会影响我选择科技信息资源产品和服务					
竞争者的消费倾向会影响我选择科技信息资源产品和服务					

21. 您是否同意以下观点?

	非常不同意	不同意	不确定	同意	非常同意
产品和服务的价格是影响我选择科技信息资源产品和服务的因素					
产品和服务的质量是影响我选择科技信息资源产品和服务的因素					
产品和服务的可获得性是影响我选择科技信息资源产品和服务的因素					

续表

	非常不同意	不同意	不确定	同意	非常同意
我的消费支付能力是影响我选择科技信息资源产品和服务的因素					
我能否娴熟地使用科技信息资源产品和服务是影响我选择科技信息资源产品和服务的因素					
我能否阅读和理解科技信息资源其中的内容是影响我选择科技信息资源产品和服务的因素					

附录 2
医学信息资源消费调查

尊敬的万方医学网用户:

您好!

受相关研究机构委托,现面向各位用户开展一项医药信息资源消费特征的调查研究,希望您配合填写本调查问卷,问卷填写大约需要 15 分钟,敬请您耐心完成。

本调查问卷采用无记名形式,不涉及个人隐私问题。敬请您如实填写个人情况,非常感谢您的支持!

医药信息资源消费特征研究组

Ⅰ. 单项选择题

1. 您的性别是?(　　)
A. 男　　B. 女

2. 您的年龄是?(　　)
A. 20 岁以下　　B. 21~40 岁
C. 41~60 岁　　D. 61 岁以上

3. 您的最高学历是?(　　)
A. 大专及以下　　B. 本科　　C. 硕士　　D. 博士

4. 您目前的职业是?(　　)
A. 医学院校学生　　B. 医学院校教师　　C. 医师
D. 护士　　E. 医技人员　　F. 医学科研院所研究人员
G. 医药企业员工

5. 您目前的教学职称是？（　　）

A. 助教　　B. 讲师　　C. 副教授　　D. 教授

6. 您目前的临床职称是？（　　）

A. 住院医师　　　B. 主治医师

C. 副主任医师　　D. 主任医师

7. 您目前的护理职称是？（　　）

A. 护士　　B. 护师　　C. 主管护师

D. 副主任护师　　E. 主任护师

8. 您目前的职称级别是？（　　）

A. 初级职称　　　B. 中级职称

C. 副高级职称　　D. 高级职称

9. 您目前的研究职称是？（　　）

A. 研究实习生　　B. 助理研究员

C. 副研究员　　　D. 研究员

10. 您目前的职务是？（　　）

A. 普通员工　　　B. 底层管理者

C. 中层管理者　　D. 高层管理者

Ⅱ. 多项选择题

11. 您认为 STM 信息资源包括哪些内容？（　　）

A. 健康医疗数据

B. 医学/药学出版物（图书、报纸、期刊等）

C. 非正式出版的科技文献（如学位论文、会议记录、科技报告等）

D. 二次文献（索引文章刊物及数据库等）

E. 三次文献（评价分析报告、引证分析数据库等）

F. 其他（可填写）_____

Ⅲ. 矩阵单选题

12. 您是否同意以下观点?

	非常不同意	不同意	不确定	同意	非常同意
我了解各类图书、期刊等出版物及其作用					
我了解各类医学数据库及其作用					
我了解各类医学信息咨询服务(如查新查引、定题服务、评价服务等)及其作用					

13. 您是否同意以下观点?

	非常不同意	不同意	不确定	同意	非常同意
我了解什么是医疗健康数据及其作用					
我了解什么是医学图书及其作用					
我了解什么是期刊论文及其作用					
我了解什么是会议论文及其作用					
我了解什么是学位论文及其作用					
我了解什么是医学成果及其作用					
我了解什么是专利信息及其作用					
我了解什么是医学科技报告及其作用					

附录2 医学信息资源消费调查

14. 您是否同意以下观点？

	非常不同意	不同意	不确定	同意	非常同意
我了解通过各类图书馆可获得哪些医学信息资源					
我了解通过网络搜索引擎进行检索可获得哪些医学信息资源					
我了解通过数据库公司的网站和系统可获得哪些医学信息资源					

15. 您是否同意以下观点？

	非常不同意	不同意	不确定	同意	非常同意
我了解医学信息资源产品和服务的主要途径是朋友、同学和同事的介绍					
我了解医学信息资源产品和服务的主要途径是服务机构的宣传					
我了解医学信息资源产品和服务的主要途径是单位的培训					
我了解医学信息资源产品和服务的主要途径是领导或者老师的推荐					

16. 您是否同意以下观点?

	非常不同意	不同意	不确定	同意	非常同意
我选择医学信息资源产品和服务的考虑因素是学习的需要					
我选择医学信息资源产品和服务的考虑因素是科研工作的需要					
我选择医学信息资源产品和服务的考虑因素是企业竞争的需要					
我选择医学信息资源产品和服务的考虑因素是论文写作的需要					
我选择医学信息资源产品和服务的考虑因素是临床诊疗的需要					
我选择医学信息资源产品和服务的考虑因素是治病就医、寻医问药的需要					

17. 您是否同意以下观点?

	非常不同意	不同意	不确定	同意	非常同意
我认为在工作和学习中使用医学信息资源产品和服务是有必要的					
我购买医学信息资源产品和服务的经费都是由自己支付而不是由单位或学校提供的					
我使用的医学信息资源是电子形式的					

18. 您是否同意以下观点?

	非常不同意	不同意	不确定	同意	非常同意
我经常使用各类图书、期刊等出版物					
我经常使用各类医学数据库					
我经常使用各类医学信息咨询服务(如查新查引、定题服务、评价服务等)					

19. 您是否同意以下观点?

	非常不同意	不同意	不确定	同意	非常同意
医疗健康数据是我经常使用的医学信息资源					
医学图书是我经常使用的医学信息资源					
期刊论文是我经常使用的医学信息资源					
会议论文是我经常使用的医学信息资源					
医学成果是我经常使用的医学信息资源					
专利信息是我经常使用的医学信息资源					
医学科技报告是我经常使用的医学信息资源					

20. 您是否同意以下观点?

	非常不同意	不同意	不确定	同意	非常同意
我经常通过图书馆获取医学信息资源					
我经常通过网络搜索引擎进行检索获取医学信息资源					
我经常通过数据库公司的网站和系统获取医学信息资源					

21. 您是否同意以下观点?

	非常不同意	不同意	不确定	同意	非常同意
我经常使用别人共享的医学信息资源					
我经常把医学信息资源共享给其他人					

22. 您是否同意以下观点?

	非常不同意	不同意	不确定	同意	非常同意
是否听过某类产品的宣传介绍会影响我选择医学信息资源产品和服务					
是否参加过单位关于某类产品的使用培训会影响我选择医学信息资源产品和服务					

附录2 医学信息资源消费调查

续表

	非常不同意	不同意	不确定	同意	非常同意
对预期结果的期望会影响我选择医学信息资源产品和服务					
之前医学信息资源的使用经历会影响我选择医学信息资源产品和服务					

23. 您是否同意以下观点?

	非常不同意	不同意	不确定	同意	非常同意
相关的政策导向(如补助、报销等政策)会影响我选择医学信息资源产品和服务					
同行普遍的消费倾向会影响我选择医学信息资源产品和服务					
领导或者学科带头人的消费倾向会影响我选择医学信息资源产品和服务					
合作者的消费倾向会影响我选择医学信息资源产品和服务					
竞争者的消费倾向会影响我选择医学信息资源产品和服务					

24. 您是否同意以下观点?

	非常不同意	不同意	不确定	同意	非常同意
产品和服务的价格是影响我选择医学信息资源产品和服务的因素					
产品和服务的质量是影响我选择医学信息资源产品和服务的因素					
产品和服务的可获得性是影响我选择医学信息资源产品和服务的因素					
我的消费支付能力是影响我选择医学信息资源产品和服务的因素					
我能否娴熟地使用医学信息资源产品和服务是影响我选择医学信息资源产品和服务的因素					
我能否阅读和理解医学信息资源其中的内容是影响我选择医学信息资源和服务的因素					

参考文献

[1] 马费成，赖茂生. 信息资源管理 [M]. 北京：高等教育出版社，2006.

[2] 中国科学技术信息研究所. 国家创新能力基础设施建设项目规划研究报告 [R]. 北京：中国科学技术信息研究所，2007.

[3] 谢科范. 区域科技资源配置与使用的研究 [D]. 武汉：武汉理工大学，2005.

[4] 周寄中. 科技资源论 [M]. 西安：陕西人民教育出版社，1999：107-113.

[5] 陈喜乐. 海峡两岸科技信息资源开发与管理比较 [J]. 科学学研究，2000，18（4）：81-87.

[6] 赵伟，赵奎涛，王运红，等. 科技信息资源共享与服务的价值传递分析 [J]. 科技进步与对策，2009，26（15）：8-11.

[7] 张霞. 我国科技资源共享的问题和对策 [D]. 厦门：厦门大学，2008.

[8] 周琼琼，冯楚建. 我国科技信息资源影响力评价体系设计与研究 [J]. 中国科技资源导刊，2013（5）：1-5.

[9] 金炬，梁战平. 美国科技信息基础设施建设的经验及启示 [J]. 情报学报，2006，25（5）：515-522.

[10] 陈春，吕俊生，田晓阳，等. 科研用户的信息需求分析及其服务对策——以中国科学院西北地区研究所为例 [J]. 图书馆理论与实践，2009（4）：69-72.

[11] 孙雅男. 高校图书馆面向科研过程的知识服务研究 [D]. 天津：天津工业大学，2013.

[12] 陈兰杰，寇爽. 科技成果转化中的信息需求研究 [J]. 现代情报，2009，29（6）：213-215.

[13] 陈建龙.从美国信息业的发展看科技信息资源共享的产业化策略 [C]// 第四届海峡两岸科技信息交流会论文集.北京：第四届海峡两岸科技信息交流研讨会，2002：279-284.

[14] 冯惠玲，杨红艳.信息资源产业内涵及其与相关产业的关系探究 [J]. 情报资料工作，2011（2）：10-14.

[15] 韩芸.信息资源产业及其在我国的发展战略 [J]. 中国图书馆学报，2006（6）：41-44.

[16] 赖茂生，闫慧，龙健.论信息资源产业及其范畴 [J]. 情报科学，2008，26（4）：481-490.

[17] 潘成云.解读产业价值链——兼析我国新兴产业价值链基本特征 [J]. 当代财经，2001（9）：7-15.

[18] 杜义飞，李仕明.产业价值链：价值战略的创新形式 [J]. 科学学研究，2004，22（5）：552-556.

[19] The global voice of scholarly publishing [EB/OL].[2014-01-04] . http://www.stm-assoc.org/about-the-association/.

[20] Reed Elsevier annual reports and financial statements 2012[EB/OL]. [2014-01-04].http://www.reedelsevier.com/investorcentre/reports%202007/Pages/2012.aspx .

[21] Financial information[EB/OL]. [2014-01-04]. http://investor.ihs.com/phoenix.zhtml?c=188457&p=irol-financial.

[22] SEC filings and annual reports [EB/OL]. [2014-01-04]. http://www.wiley.com/WileyCDA/Section/id-370237.html.

[23] 2013 Full-year results [EB/OL]. [2014-01-04]. http://www.wolterskluwer.com/Investors/Financial-Information/Pages/Results.aspx?Year=2013.

[24] 刘树林，牛海涛.产业经济学 [M]. 北京：清华大学出版社，2012.

[25] 孙敬水.市场结构与市场绩效的测度方法研究 [J]. 统计研究，2002（5）：7-12.

[26] 齐思慧.探寻励德·爱思唯尔发展之道 [J]. 出版参考，2013（2）：49-50.

[27] 刘益，梁之磊，潘继增，等.威科集团经营管理和发展战略研究[J].科技与出版，2012（10）：20-23.

[28] 王哲，黄高升.NCBI的数据库资源及其应用[J].生命科学，2002，14（1）：59-62.

[29] 亓莱滨.李克特量表的统计学分析与模糊综合评判[J].山东科技.2006，19（2）：18-24.

[30] Andy Moore. The digital content market: rushing toward fate [J]. EContent, 2002, 25（12）S2-S3.

[31] 杜小明，谭兵，黄志民.我国信息产业发展影响因素研究[J].科技管理研究，2010（19）：187-191.

[32] 尤学拾.信息产业发展的影响因素研究[J].工业技术经济，2004，23（6）：94-95.

[33] M K Chen, Shih-Ching Wang.The critical factors of success for information service industry in developing international market: using analytic hierarchy process（AHP）approach [J]. Expert Systems with Applications, 2010, 37(1): 694-704.

[34] 俞立平，周曙东.区域信息资源差距及影响因素的动态研究——基于江苏省的实证[J].资源科学，2006，28（4）：84-89.

[35] 陈能华，周永红，陈书华.美国信息资源共享市场的发展及启示[J].中国图书馆学报，2006，32（5）：36-39.

[36] 傅小锋，李俊，黎建辉.国际科学数据的发展与共享[J].中国基础科学，2007，9（2）：30-35.

[37] 司莉，邢文明.国外科学数据管理与共享政策调查及对我国的启示[J].情报资料工作，2013（1）：61-66.

[38] Open Data[EB/OL].[2014-02-15]. http://www.whitehouse.gov/administration/eop/ostp/initiatives#Openness.

[39] 张爱霞，沈玉兰.美国政府科技报告体系建设现状分析[J].情报学报，2007，26（4）：496-502.

[40] 周红忠.美欧日发达国家数据库产业发展概况[J].情报探索,2000(2):43-45.

[41] 刘颖.美国信息经纪业的发展对我国图书馆事业的启示[J].情报杂志,2002,21(5):40-41.

[42] 王渊.中外信息咨询业比较研究[J].现代情报,2004,24(4):127-130.

[43] 王春法.美国科技决策咨询的体制机制及其对我国的启示[J].中国科学院院刊,2012,27(5):545-551.

[44] 张新民.美国信息机构的发展概况[J].中国信息导报,2007(1):16-20.

[45] About ISI [EB/OL]. [2014-02-15]. http://www.isi.edu/about/.

[46] About AAAS [EB/OL]. [2014-02-15]. http://www.aaas.org/about/mission-and-history.

[47] 詹正茂,于君博.美国科技与研发政策述评[J].科学管理研究,2010,28(3):69-74.

[48] Nationol science and technology council [EB/OL]. [2014-02-15]. http://www.whitehouse.gov/administration/eop/ostp/nstc.

[49] About OSTP [EB/OL]. [2014-02-15]. http://www.whitehouse.gov/administration/eop/ostp/about.

[50] About PCAST[EB/OL]. [2014-02-15]. http://www.whitehouse.gov/administration/eop/ostp/pcast/about.

[51] 肖海晶.国外技术创新模式及对我国的启示[J].学习与探索,2006(6):207-210.

[52] 赵俊杰.美国国家创新体系建设[J].全球科技经济瞭望,2011,26(4):5-11.

[53] 郭凤典,张梅珍.美国大企业创新的启示[J].科技进步与对策,2001,18(9):72-73.

[54] 杨东德,滕兴华.美国国家创新体系及创新战略研究[J].北京行政学院学报,2012(6):77-82.

[55] The President's Plan for Science and Innovation[R/OL]. [2014-02-15]. http://www.ostp.gov.

[56] Erecutive Office of the President, Office of Science and Technology.The 2014 budget: a world-leading commitment to science and research [R]. 2013.

[57] 专利统计简报 2012 年第 17 期（总第 134 期）[EB/OL]. [2014-02-15]. http://www.sipo.gov.cn/ghfzs/zltjjb/index_1.html.

[58] 专利统计简报 2011 年第 8 期（总第 107 期）[EB/OL].（2011-07-18）[2014-02-15]. http://www.sipo.gov.cn/ghfzs/zltjjb/index_4.html.

[59] 杨建成. 美国信息公开制度及其对中国的启示 [J]. 国际安全研究，2011（4）：71-74.

[60] 罗晖. 美国关于科技资源共享的法律和法规 [J]. 全球科技经济瞭望，2011，26（4）：31-36.

[61] 王正兴，刘闯. 美国国有数据与信息共享的法律基础 [J]. 图书情报工作，2002（6）：60-63.

[62] 杨喆，曹津燕，潘柯. 我国专利制度对科研成果产业化的促进作用 [J]. 世界知识产权，2005，15（3）：52-54.

[63] 崔晓文. 美国图书馆立法发展及启示 [J]. 图书馆建设，2008（8）：100-103.

[64] 肖志宏，赵冬. 美国保障信息安全的法律制度及借鉴 [J]. 中国人民公安大学学报，2007，23（5）：54-63.

[65] 吴运高. 数字时代美国联邦科技信息机构信息资源建设与服务创新及其启示 [J]. 数字图书馆论坛，2009（12）：14-24.

[66] NTIS [EB/OL]. [2014-02-15]. http://www.ntis.gov/.

[67] NTIS [EB/OL]. [2014-02-15]. http://www.osti.gov/home/.

[68] CENDI [EB/OL]. [2014-02-15]. http://www.cendi.gov/.

[69] Science [EB/OL]. [2014-02-15]. http://www.science.gov/.

[70] 乌云其其格. 美国、日本、欧盟、澳大利亚科技人力资源建设动态与趋势 [J]. 中国科技论坛，2010（6）：143-149.

[71] 杨志刚，周凤飞，马新蕾. 美国信息素养运动发展历程与特征 [J]. 情报理论与实践，2008，31（2）：317-320.

[72] 杨宇涵. 美国信息素质教育思潮的评价与思考 [J]. 图书馆工作与研究，2003（1）：7-10.

[73] 周晓英，刘雯，李忱博. 变革时期的图书馆学情报学教育 [J]. 情报资料工作，2008（2）：6-11.

[74] 陈传夫，于媛. 美国 iSchooI 的趋势与启示 [J]. 图书情报工作，2007，51（4）：20-41.

[75] 徐恺英，刘佳，张秀珍. 我国信息咨询业人才素质培养研究 [J]. 情报科学，2005，23（12）：1814-1817.

[76] 国家科技基础条件平台中心. 平台建设简介 [EB/OL]. [2014-02-25]. http://www.nstic.gov.cn/Center/navigation/set.jsp.

[77] 刘润达，褚文博，诸云强. 国家科技基础条件平台运行服务阶段关键问题探析 [J]. 现代情报，2012，32（11）：51-57.

[78] 李锦侠. 转企改制背景下科技出版社发展战略研究 [D]. 北京：北京化工大学，2011.

[79] 蔡鸿程. 回望科技出版改革发展 30 年 [J]. 编辑之友，2008（6）：44-47.

[80] 倪爱香. 对科技期刊改革的几点思考 [J]. 中国科技期刊研究，2012，23（4）：547-549.

[81] 谭学余. 美国数字出版见闻 [J]. 现代出版，2011（3）：56-59.

[82] 贺德方. 我国科技情报行业发展方向的探讨 [J]. 情报学报，2008，27（4）：483-489.

[83] 徐超富. 加速发展我国科技咨询业的对策研究 [J]. 中国软科学，2000（3）：34-37.

[84] 中国科学院"国家创新体系"课题组. 迎接知识经济时代建设国家创新体系 [J]. 世界科技研究与发展，1998，13（3）：81-85.

[85] National innovation systems [EB/OL].[2015-08-11].http：//www.oecd.org/dataoecd/35/56/2101733.pdf.

[86]	范柏乃，段忠贤，江蕾，等.中国自主创新政策：演进、效应与优化[J].中国科技论坛，2013（9）：5-12.
[87]	孙成权.中国科学院文献情报系统的可持续发展与创新战略[J].图书情报工作，2004，48（12）：35-38.
[88]	科学数据共享调研组.科学数据共享工程的总体框架[J].中国基础科学，2003（1）：63-68.
[89]	王卷乐，孙九林.世界数据中心（WDC）中国学科中心数据共享进展[J].中国基础科学，2007（2）：36-40.
[90]	徐建国.贯彻落实科学发展观促进科技资源整合共享[EB/OL].[2015-01-12]. http：//www.nstic.gov.cn/content/1301364778653.htm.
[91]	新华网.中国国际科技论文被引用次数跻身世界前五[EB/OL].[2015-01-12]. http：//news.xinhuanet.com/tech/2013-09/27/c_117539394.htm.
[92]	人民政协网.中国科技期刊影响力提升计划出台 助推期刊有数量更有质量[EB/OL].[2015-01-12]. http：//epaper.rmzxb.com.cn/2013/20131128/t20131128_524402.htm.
[93]	中国日报网.中国科技期刊艰难发展的幕后故事[EB/OL].[2015-01-12]. http：//www.chinadaily.com.cn/dfpd/2013-05/10/content_16489385.htm.
[94]	知识产权局网站.世界知识产权组织：中国成专利申请第一大国[EB/OL].[2015-01-12]. http：//www.sipo.gov.cn/yw/2012/201310/t20131023_841100.html.
[95]	知识产权局网站.世界知识产品组织发布《2013年全球创新指数报告》[EB/OL].[2015-01-12]. http：//www.sipo.gov.cn/yw/2013/201307/t20130705_806091.html.
[96]	新浪财经.全球创新企业百强美欧日韩独揽中国榜上无名[EB/OL].[2015-01-12]. http：//finance.sina.com.cn/china/20121204/162613893176.shtml.
[97]	胡昌平等.创新型国家的信息服务与保障研究[M].北京：学习出版社，2013：493-494.
[98]	马海群.我国数字信息资源宏观规划的成就、问题及发展思路[J].情

报学报，2008，27（5）：740-747.

[99] 中共中央办公厅国务院办公厅关于加强信息资源开发利用工作的若干意见 [EB/OL]. [2008-01-14]. http://www.caf.ac.cn/html/xxh/201354/20466.html.

[100] 中国政府网. 中国国民经济和社会发展"十一五"规划纲要 [EB/OL]. [2008-01-15]. http://www.gov.cn/ztzl/2006-03/16/content_228841.htm.

[101] 马费成，裴雷. 我国信息资源政策与法律研究进展评析 [J]. 图书馆论坛，2007，27（6）：226-230.

[102] 祝毓. 科技情报机构从事业单位向非营利组织的改革研究 [D]. 上海：上海交通大学，2010.

[103] 柳斌杰. 中国出版业的重构与展望 [J]. 中国出版，2009（5）：5-9.

[104] 靳茜，揭玉斌，左浩泓. 图书馆为企业提供信息服务新模式的探索——国家科技图书文献中心的企业信息服务实践 [J]. 情报理论与实践，2008，31（4）：576-579.

[105] 胡昌平，向菲. 面向自主创新需求的信息服务业务推进 [J]. 中国图书馆学报，2008（3）：57-62.

[106] 胡昌平等. 创新型国家的信息服务与保障研究 [M]. 北京：学习出版社，2013：87-88.

[107] 谢守美，赵文军. 嵌入式信息素养教育——信息素养教育的新途径 [J]. 情报资料工作，2012（1）：108-111.

[108] 张弘. 我国信息咨询业人才的现状与培养 [J]. 成都大学学报（社会科学版），2001（3）：60-61.

[109] 刘文献. 科技信息机构服务产业创新的思路 [J]. 中国科技资源导刊，2009，41（2）：68-71.

[110] 贺德方. 从信息服务走向知识服务——论我国科技信息服务业未来发展趋势 [C]// 第四届国家信息化发展论坛论文集. 天津：第四届国家信息化发展论坛，2007.

[111] Scientific and technical information program [EB/OL]. [2015-03-10].

http://www.apd.army.mil/jw2/xmldemo/r70_45/head.asp

[112] 国家中长期科学和技术发展规划纲要 [R/OL].[2014-02-26].http://www.gov.cn/jrzg/2006-02/09/content_183787.htm.

[113] 刘培亭, 亓昭东. 浅谈我国科技中介机构的发展 [J]. 泰山学院学报, 2006, 28（2）: 67-69.

[114] 马运来. 基于国际比较分析的我国科技中介服务创新战略研究 [J]. 科技进步与对策, 2007, 24（9）: 174-176.

[115] 李霄, 唐任伍. 国外科技中介机构发展对佛山的启示 [J]. 生产力研究, 2012（11）: 162-165.

[116] 江军, 李新宁. 中美两国政府在科技中介发展中作用的比较分析 [J]. 科技管理研究, 2008（7）: 108-110.

[117] Technology transfer mechanisms[EB/OL]. [2014-02-26]. http://www.dhs.gov/technology-transfer-mechanisms.

[118] 杜菁. 国外科技中介服务的立法及对我国的启示 [J]. 商场现代化, 2008（24）: 261-262.

[119] 王冬梅. 美国科技中介机构的发展及其对我国的启示 [J]. 中国高校科技与产业化, 2005（11）: 61-63.

[120] 中共中央关于科学技术体制改革的决定 [EB/OL]. [2014-01-09]. http://cpc.people.com.cn/GB/64162/134902/8092254.html.

[121] 赖黎黎. 科技创新中介服务政策法规体系建设研究 [D]. 武汉: 武汉理工大学, 2006.

[122] 中共中央国务院关于加强技术创新发展高科技实现产业化的决定 [EB/OL]. [2014-01-09]. http://www.people.com.cn/zcxx/1999/08/082501.html.

[123] 国务院关于印发"十二五"国家自主创新能力建设规划的通知. [EB/OL]. [2014-01-09]. http://www.gov.cn/zwgk/2013-05/29/content_2414100.htm.

[124] 国务院办公厅关于强化企业技术创新主体地位全面提升企业创新能力的意见 [EB/OL]. [2014-01-09]. http://www.gov.cn/zwgk/2013-02/04/content_2326419.htm.

[125] 赵定涛,魏玖长. 我国科技中介机构管理体制的创新研究 [J]. 科学学与科学技术管理, 2004, 25(4): 77-80.

[126] 龚旭. 美国国家科学基金会的同行评议 [J]. 中国基础科学, 2004, 6(5): 33-37.

[127] 顾海兵, 王宝艳. 中外科技成果评审制度: 比较与对策研究 [J]. 开放导报, 2004(2): 74-82.

[128] 邓勇, 张娴. DII、esp@cenet、CA 在科技查新专利检索中的应用 [J]. 图书情报工作, 2004, 48(7): 82-85.

[129] 国家知识产权局. 专利审查指南 [M]. 北京: 知识产权出版社, 2010.

[130] 华海英. 美国关于政府资助项目成果的公共获取的争论及对我国的思考 [J]. 图书情报工作, 2007(7): 141-144.

[131] AlokJha. Results of publicly funded research willbe open accesss—science minister [EB/OL]. (2011-12-08) [2013-01-20]. http//www.guardian.co.uk/science/2011/dec/08/publicly-funded-research-open-access.

[132] 唐义, 张晓蒙, 郑燃. 国际科学数据共享政策法规体系: Linked Science 制度基础 [J]. 图书情报知识, 2013(3): 67-73.

[133] Public law 102-245 [EB/OL]. [2014-02-14]. http://history.nih.gov/research/downloads/PL102-245.pdf.

[134] Federal acquisition regulation, volume I - parts 1 to 51, March 2005 [R]. General Services Administration Department of Defense, 2005.

[135] 赵俊杰. 美国科技报告体系建设概况 [J]. 全球科技经济瞭望, 2013(3): 1-7.

[136] 邢文明. 国际组织关于科学数据的实践、会议与政策及对我国的启示 [J]. 国家图书馆学刊, 2013, 22(2): 78-84.

[137] Policy guide lines for the development and promotion of governmental public domain information [EB/OL]. [2014-02-13]. http://unesdoc.unesco.org/images/0013/001373/137363eo.pdf.

[138] Policy guide lines for the development and promotion of open access [EB/

OL]. [2014-02-13]. http：//unesdoc.unesco.org/images/0021/002158/215863e.pdf.

[139] 司莉，庄晓喆，王思敏，等. 2005年以来国外科学数据管理与共享研究进展与启示[J]. 国家图书馆学刊，2013，22（3）：40-49.

[140] Science commons projects [EB/OL]. [2014-02-13]. http：//sciencecommons.org/projects/.

[141] 王卷乐，祝俊祥，杨雅萍，等. 国外科技计划项目数据汇交政策及对我国的启示[J]. 中国科技资源导刊，2013，45（2）：17-23.

[142] Data & Information Policy [EB/OL]. [2014-02-13]. http：//science1.nasa.gov/earth-science/earth-science-data/data-information-policy/.

[143] Reference model for an Open Archival Information System（OAIS）[EB/OL]. [2014-02-13]. http：//public.ccsds.org/publications/archive/650x0m2.pdf.

[144] It's time to share：proposed NOAA data policy [EB/OL]. [2014-02-13]. http：//www.nodc.noaa.gov/seminars/2011/support/Data_Sharing_Policy_for_NOAA_Grants_information_brief.pdf.

[145] NSF data sharing policy [EB/OL]. [2014-02-13]. http：//www.nsf.gov/bfa/dias/policy/dmp.jsp.

[146] Dryad 网站 [EB/OL]. [2014-02-13]. http：//datadryad.org.

[147] EarthScope program solicitation [EB/OL]. [2014-02-13]. http：//www.nsf.gov/pubs/2011/nsf11535/nsf11535.htm.

[148] 美国密歇根大学政治和社会研究大学联盟 [EB/OL].[2014-02-13]. http：//www.icpsr.umich.edu/icpsrweb/landing.jsp.

[149] NIH data sharing policy and implementation guidance [EB/OL]. [2014-02-13]. http：//grants1.nih.gov/grants/policy/data_sharing/data_sharing_guidance.htm.

[150] NERC data policy [EB/OL]. [2014-02-13]. http：//www.nerc.ac.uk/research/sites/data/policy2011.asp.

[151] 陈大庆. 英国科研资助机构的数据管理与共享政策调查及启示[J]. 图

书情报工作，2013，57（8）：5-11.

[152] 王卷乐，杨雅萍，等.国外科技计划项目数据汇交政策及对我国的启示[J].中国科技资源导刊，2013，45（2）：17-23.

[153] 路鹏，苗良田，莫纪宏，等.关于起草《中华人民共和国科学数据共享条例（建议稿）》的说明[J].国际地震动态，2008（8）：41-46.

[154] 中国科技资源共享网[EB/OL].[2014-01-14].http：//www.escience.gov.cn.

[155] US constitution-amendment 1 [EB/OL]. [2014-02-14]. http：//www.law.cornell.edu/constitution/first_amendment.

[156] The digital millennium copyright act of 1998 [EB/OL]. [2014-02-14]. http://www.copyright.gov/legislation/dmca.pdf.

[157] 刘培一，赵新.美国科技期刊运行机制和发展环境[J].图书情报工作，2006，50（3）：53-58.

[158] 黄先蓉，黄媛，赵礼寿.中外出版政策比较研究[J].出版科学，2011，19（2）：17-22.

[159] 黄先蓉.论出版政策与法规的制定原则[J].编辑之友，2003（1）：40-43.

[160] 朱晓东，宋培元.关于我国科技期刊管理政策创新的思考[J].编辑学报，2006，18（2）：83-86.

[161] 于慈珂.总结经验创新制度完善管理——《报纸出版管理规定》、《期刊出版管理规定》解读[J].中国科技期刊研究，2006，17（1）：29-31.

[162] 关于延续宣传文化增值税和营业税优惠政策的通知[EB/OL]. [2014-01-21]. http：//szs.mof.gov.cn/zhengwuxinxi/zhengcefabu/201312/t20131231_1031496.html.

[163] 关于2006年中国科协精品科技期刊工程资助项目的通知[EB/OL]. [2014-02-12]. http://www.cast.org.cn/n35081/n38213/n38274/n38455/10184091.html.

[164] 关于印发《中国科协精品科技期刊工程项目资助实施办法》的通知

[EB/OL]. [2014-02-12]. http：//www.110.com/fagui/law_193044.html.

[165] 精品期刊工程项目 [EB/OL]. [2014-02-12]. http：//www.cast.org.cn/n35081/n11219166/n13723241/n13723270/index.html.

[166] 关于下达 2009 年度中国科协精品科技期刊示范项目和英文版期刊国际推广项目的通知 [EB/OL]. [2014-02-12]. http：//www.cast.org.cn/n35081/n35488/11236791.html.

[167] 关于申报 2013 年度中国科协精品科技期刊工程项目的通知 [EB/OL]. [2014-02-12]. http：//www.cast.org.cn/n35081/n35488/14498840.html.

[168] 财政部新闻出版总署关于印发《民族文字出版专项资金管理暂行办法》的通知 [EB/OL]. [2014-02-14]. http：//www.mof.gov.cn/ zhengwuxinxi/caizhengwengao/caizhengbuwengao2008/caizhengbuwengao20081/200805/t20080519_28998.html.

[169] 新闻出版总署财政部关于印发《民族文字出版专项资金资助项目管理暂行办法》的通知 [EB/OL]. [2014-02-14]. http：//www.gapp.gov.cn/news/1663/103224.shtml.

[170] 出版管理条例（2001）[EB/OL]. [2014-02-14]. http：//www.pkulaw.cn/fulltext_form.aspx?Gid=38118.

[171] 关于文化领域引进外资的若干意见 [EB/OL]. [2014-02-14]. http：//www.whdpc.gov.cn/art/2012/5/18/art_4196_255664.html.

[172] 外商投资产业指导目录（2011 年修订）[EB/OL]. [2014-02-14]. http：//www.ndrc.gov.cn/zcfb/zcfbl/2011ling/W020111229379511927834.pdf.

[173] "中国图书对外推广计划"综述 [EB/OL]. [2014-02-14]. http：//www.cbi.gov.cn/wisework/content/84372.html.

[174] 商务部、文化部、广电总局、新闻出版总署、进出口银行关于金融支持文化出口的指导意见 [EB/OL]. [2014-02-14]. http：//tradeinservices.mofcom.gov.cn/a/2009-05-18/71482.shtml.

[175] 程煜华. 中国新闻出版业发展的新起点——新闻出版总署科技司负责人谢俊旗谈"国家数字复合出版系统工程"[J]. 数字图书馆论坛，

2008（2）：5-8.

[176] 关于建设新闻出版业发展项目库的通知 [EB/OL]. [2014-2-13]. http：// www.gapp.gov.cn/news/1663/103173.shtml.

[177] 冯长根，饶子和，王陇德，等. 建立国家科技报告体系势在必行 [J]. 科技导报，2011，29（21）：15-16.

[178] The American Presidency Project. Executive order 9604—Providing for the release of scientific information （Extension and amendment of executive order No. 9568），August 25，1945 [EB/OL]. [2014-02-14]. http：//www.presidency.ucsb.edu/ws/?pid=60669.

[179] 15 US code chapter 23—Dissemination of technical，scientific and engineering information [EB/OL]. [2014-02-14]. http：//www.law.cornell.edu/uscode/text/15/chapter-23.

[180] 15 US code § 3704b—National technical information service [EB/OL]. [2014-02-14]. http：//www.law.cornell.edu/uscode/text/15/3704b.

[181] NTIS. About NTIS [EB/OL]. [2014-02-14]. http：//www.ntis.gov/about/index.aspx.

[182] 美国政府科技报告管理现状 [EB/OL]. [2014-01-19]. http：//www.nstrs.cn/Admin/Content/ArtileDetails.aspx?arid=4625&type=3.

[183] 贺德方. 中国科技报告制度的建设方略 [J]. 情报学报，2013，32（5）：452-458.

[184] 中共中央、国务院印发《关于深化科技体制改革加快国家创新体系建设的意见》[EB/OL]. [2014-01-19]. http：//www.most.cn/yw/201209/t20120924_96972.htm.

[185] 国家科技报告服务系统征求意见版(第二阶段)[EB/OL]. [2014-01-19]. http：//www.nstrs.cn.

[186] 曾志华，田春虎. 世界主要知识产权强局专利数字图书馆特征分析及对我国专利数字图书馆建设的几点思考 [J]. 数字图书馆论坛，2012（4）：37-41.

[187] 徐峰.国外专利信息服务体系建设经验与启示[J].科技管理研究,2008(11):195-197.

[188] 陈淑云.美国学位论文开发利用的做法及对我国的启示[J].图书馆建设,2008(6):81-85.

[189] 龙利方.日本国立国会图书馆博士学位论文的收藏与利用[J].现代情报,2012,32(3):134-136.

[190] 贺德方,姜爱蓉,曾建勋,等.国家学位论文资源管理现状及其对策研究[J].情报学报,2006,25(5):531-539.

[191] 国家图书馆[EB/OL].[2014-11-06].http://www.nlc.gov.cn/.

[192] 厦门大学硕博士论文数据库[DB/OL].[2014-11-06].http://210.34.4.13:8080/lunwen/detail.asp?serial=43523.

[193] 清华大学学位论文服务系统[DB/OL].[2014-11-06].http://lib.tsinghua.edu.cn/database/th_disser.htm.

[194] 初景利,李麟.国内外开放获取的新发展[J].图书馆论坛,2009,29(6):83-88.

[195] 王青.国外开放存取(OA)策略及其启示[J].现代情报,2010,30(3):32-34.

[196] 许荣荣,赵建华.美国开放存取政策对中国的启示[J].科技情报开发与经济,2008,18(30):120-121.

[197] 付晚花,肖冬梅.国际开放获取政策及其研究进展综述[J].图书馆杂志,2010,29(3):23-27.

[198] 赵炜霞,苑晓燕,禹艾芹.印度开放存取政策及对我们的启示[J].图书馆研究与工作,2010(1):15-18.

[199] 杜海洲.国际有关开放存取政策及对我国的启示[J].现代情报,2010,30(8):113-118.

[200] 鲁超,刘清.我国开放存取政策浅析[J].情报杂志,2011,30(1):47-50.

[201] 付金妍,夏燕.数据库权利探析[J].法制与社会,2009(36):363-364.

[202] 程如烟. 美、日、韩三国的数据库建设及相关政策 [J]. 科技进步与对策，2004，21（2）：115-117.

[203] 于海防，姜沣格. 数据库的法律保护体系分析 [J]. 当代法学，2007，21（2）：84-90.

[204] 沈艳阳. 论数据库的法律保护模式 [J]. 法制与社会，2006（7）：281-282.

[205] 彭霞. 数据库的法律保护 [J]. 重庆工商大学学报（社会科学版），2011，28（1）：73-78.

[206] 李扬. 数据库的反不正当竞争法保护及其评析 [J]. 法律适用，2005（2）：56-60.

[207] 陈辉，梁莉莉. 数据库的法律保护方式评析 [J]. 安徽警官职业学院学报，2006，5（6）：33-35.

[208] 阮延生. 数据库法律保护及其对数字图书馆数据库的影响 [J]. 福建师范大学学报（哲学社会科学版），2004（5）：133-137.

[209] 李雅琴. 从《欧盟数据库指令》谈中国数据库立法设想 [J]. 重庆工学院学报（社会科学版），2008，22（12）：16-19.

[210] 颜晓玉. 数据库的法律保护及思考 [J]. 图书情报知识，2003（4）：15-17.

[211] 徐娟. 科技咨询业发展现状及对策分析 [J]. 江苏科技信息，2012（6）：9-11.

[212] 刘吉. 澳大利亚管理体制中的科技咨询 [J]. 科学学与科学技术管理，1983（6）：39-41.

[213] 吴践志. 我国科技咨询企业管理和发展的法律问题研究 [J]. 科技与法律，1993（2）：24-29.

[214] 李晶，黄斌. 世界咨询业发展的现状、趋势及借鉴 [J]. 科学观察，2011（6）：71-72.

[215] 吴践志. 我国科技咨询的投资政策研究 [J]. 引进与咨询，1994（2）：44-46.